Politische Aspekte Japans, Band 2
Herausgegeben von Axel Klein

Eine Publikation der
Forschungsstelle Modernes Japan und des
Japanologischen Seminars der
Rheinischen Friedrich-Wilhems-Universität Bonn

Deutsche Bibliothek – CIP Einheitsaufnahme
Sanchôme, Rina
Staatliche Parteienfinanzierung in Japan
Bonn 2004

© Rina Sanchôme 2004

Herstellung & Verlag: Books on Demand GmbH, Norderstedt
ISBN: 3-8334-0609-7
Erschienen im April 2004
Originalausgabe
Umschlagsgestaltung: bonndai.de

Rina Sanchôme

Staatliche Parteienfinanzierung in Japan

Inhaltsverzeichnis

Verzeichnis der Abbildungen

Verzeichnis der Tabellen

Anmerkung

Zur Transkription japanischer Namen und Termini wurde grundsätzlich das modifizierte Hepburn-System verwendet. Im Fall von Eigennamen oder Personennamen, in denen eine andere Umschrift vorgegeben ist, wurde diese Umschrift übernommen (z.B.: Asahi Shimbun). Die Großschreibung japanischer Termini wurde ebenfalls nur im Fall von Eigennamen gewählt.

Bei japanischen Personennamen wurde, nach der in Japan üblichen Form, der Familienname vorangestellt und kein Komma zwischen Familien- und Vornamen gesetzt. Die Abkürzungen für Parteinamen sind von den deutschen Übersetzungen der Namen abgeleitet (z.B.: NVP für Neue Vorreiterpartei).

Geldbeträge wurden prinzipiell in japanischen Yen angegeben. Auf einen Umrechnungskurs wurde aufgrund des langen Zeitraums, den die Arbeit abdeckt, verzichtet.

Abkürzungen

CDU		Christlich Demokratische Union
DP	*Minshutō*	Demokratische Partei
DRB	*Minshu Kaikaku Rengô*	Demokratischer Reformbund
DSP	*Minshatô*	Demokratisch-Sozialistische Partei (ursprünglich: *Minshu Shakaitô*)
EP	*Shinseitô*	Erneuerungspartei
GAJP	*hôjinkaku fuyohô*	Gesetz zur Anerkennung juristischer Personen
GRPG	*seiji shikin kiseihô*	Gesetz zur Regulierung politischer Gelder
GStP	*seitô joseihô*	Gesetz zur staatlichen Parteienfinanzierung
JV	*Nihonkoku Kenpô*	Japanische Verfassung
KoP	*Hoshutô*	Konservative Partei
KPJ	*Kyôsantô*	Kommunistische Partei Japan
LDP	*Jiyū Minshutō*	Liberaldemokratische Partei
LP	*Jiyūtō*	Liberale Partei
LV	*Jiyû Rengô*	Liberaler Verband
NFP	*Shinshintô*	Neue Fortschrittspartei
NPJ	*Nihon Shintô*	Neue Partei Japans
NSP	*Shin Shakaitô*	Neue Sozialistische Partei
NTT		Nippon Telegraph and Telephone
NVP	*Shintô Sakigake*	Neue Vorreiterpartei
PSP	*Kômeitô*	Partei für saubere Politik
SCAP	*Rengôkoku Sôshireibu*	Supreme Commander for the Allied Powers
SDP	*Shakai Minshutō*	Sozialdemokratische Partei
SNTV		single non transferable vote
SPJ	*Nihon Shakaitō*	Sozialistische Partei

Vorwort

Obwohl die japanische Demokratie die älteste in Asien ist, dauerte es bis 1994, bis eine staatliche Parteienfinanzierung eingeführt wurde. Dabei war es nicht in erster Linie die lange überfällige Anerkennung der wichtigen Funktionen, die Parteien in einer solchen Staatsform ausfüllen, die zu besagter Subvention durch Steuergelder führte. Ziel war es viel mehr, für mehr Transparenz in der sehr finanzintensiven Arbeit von Politikern und Parteien zu sorgen.

Seit Beginn des japanischen Parlamentarismus 1889, in größerem Maße aber seit Ende des Zweiten Weltkriegs hatten die zur Wahl stehenden politischen Akteure einen stetig wachsenden Finanzbedarf entwickelt und sich bei der Beschaffung ihrer Geldmittel häufig in einer legalen und ethischen Grauzone bewegt. Die regelmäßig an die Öffentlichkeit gelangten Details über zweifelhafte Finanztransaktionen enthüllten „Korruptionsskandale", die erheblich zu dem gegenwärtig zu konstatierenden hohen Grad an politischer Verdrossenheit beitrugen. Trotz der allgemeinen Erkenntnis, dass Geld die Wurzel allen Übels in der politischen Arbeit sei, gelang es den Volksvertretern nicht, diese strukturelle Problematik in den Griff zu bekommen. Versuche gab es viele, so auch 1994: Die Einführung der staatlichen Parteienfinanzierung stellte erneut das Bemühen japanischer Politiker dar, politische Korruption zu bekämpfen.

Die Entwürfe für das Gesetz zur staatlichen Parteienfinanzierung stießen jedoch außerhalb der politischen Parteien auf erhebliche Ablehnung[1]. Das Argument, dass politische Arbeit in einer Demokratie nun einmal Geld koste und dass diese Kosten aus dem nationalen Haushalt mit zu decken seien, war in der Regel nicht ausreichend, um die zahlreichen Vorbehalte gegen die „Selbstbedienung" der politischen Entscheidungsträger aus der Staatskasse akzeptabel erscheinen zu lassen.

---

[1] Der Vollständigkeit halber sei hier schon einmal darauf hingewiesen, dass sich die Kommunistische Partei Japans immer gegen eine staatliche Finanzierung politischer Parteien aussprach.

Die Befürworter verwiesen auf die zu erwartende Stärkung der Parteien, wären sie doch weniger abhängig von anderen Geldquellen, die für ihre Zuwendungen durchaus Gegenleistungen erwarteten. Damit war vor allem die Wirtschaft gemeint, die die knapp vier Jahrzehnte dominierende Liberaldemokratische Partei fast alleine finanzierte. Die Wirtschaft selber begrüßte in konjunkturell schlechten Zeiten eine solche Entlastung ebenso, so dass schließlich 1994 ein entsprechendes Gesetz zur staatlichen Parteienfinanzierung vom Parlament verabschiedet wurde[2].

Diese Arbeit versucht, die Hintergründe und den Prozess der Einführung des Gesetzes zur staatlichen Parteienfinanzierung nachzuzeichnen. Eingegangen wird dabei unter anderem auf den hohen Geldbedarf in der japanischen Politik und die Instrumente und Methoden, mit denen er gedeckt wurde. Diese Arbeit untersucht außerdem, wie die staatliche Parteienfinanzierung gegenwärtig durchgeführt wird und ob diese für Japan neue Form der Finanzierung politischer Aktivitäten Auswirkungen auf die Arbeit von Parteien und Politikern hatte bzw. hat.

An dieser Stelle möchte ich den Mentoren dieser Arbeit, Herrn Sakurai Hajime von der *Asahi Shimbun* und Herrn Dr. Axel Klein, Wissenschaftlicher Assistent der Forschungsstelle Modernes Japan an der Universität Bonn, danken. Beide standen mir stets mit Rat und Tat zur Seite. Außerdem sei Herrn Prof. Dr. Peter Pantzer mein herzlicher Dank dafür ausgesprochen, dass er mich während meines Studiums unterstützte.

Danken möchte ich für die ebenso informativen wie motivierenden Gespräche dem heutigen Chefredakteur der *Asahi Shimbun*, Herrn Yoshida Shin'ichi, sowie Herrn Hayano Tôru, politischer

---

[2] Die Vorschläge der Regierungskommission zu einem solchen Gesetz orientierten sich übrigens stark an dem System der Parteienfinanzierung der Bundesrepublik Deutschland. Dies bestätigte der ehemalige Vorsitzende der Neuen Vorreiterpartei (*Shintô Sakigake*) und Kabinettsekretär der Hosokawa-Regierung TAKEMURA Masayoshi in einem Interview am 18. Juli 2000.

Journalist, beide ausgewiesene Experten auf dem Feld der Innenpolitik und des politischen Systems Japans.

Die Arbeit als Sekretärin der damaligen Oberhausabgeordneten Frau Kusakabe Kiyoko im Sommer 2000 ermöglichte mir wertvolle Einblicke in die Parlaments- und Parteiarbeit sowie Kontakte zu einer Reihe von Politikern, die für ein Gespräch zu der nicht ganz einfachen Thematik bereit waren. Ihnen allen sei an dieser Stelle ebenfalls gedankt.

Katrin Terpitz, Lisa Coppack, Ako Sanchôme und Dirk Schüßler-Langeheine sei gedankt für das geduldige Korrekturlesen und die unerschöpfliche Motivierung, mit der sie mir zur Seite standen. Nicht zuletzt danke ich meinen Eltern und meiner „deutschen Mutter" Dorothea Ostendorf († 2000), die um meine Schwächen wussten, meine Stärken jedoch erkannten und förderten.

Bonn, im März 2004

1. Einleitung

Die Frage der Finanzierung von politischen Parteien und ihren Aktivitäten gibt in jedem demokratischen Staat immer wieder Anlass zu lebhaften Diskussionen. Diese treten insbesondere dann auf, wenn größere Fälle von Korruption[3] oder Missbrauch öffentlicher Gelder durch Politiker bekannt werden. Dass die politischen Aktivitäten von Politikern und Parteien unvermeidlich Kosten verursachen, ist den wenigsten Wählern bewusst. Darum ist die Frage, von welchen Mitteln diese Kosten gedeckt und wie diese Mittel beschafft werden, in einer Demokratie stets eine essentielle. „Die Geschichte des Fortschritts der Demokratie ist im gewissen Sinne die Geschichte des Kampfes um wachsende Geldquellen für Politik" (TOSAKI 1996: 50).

In Deutschland waren es in jüngerer Vergangenheit die Vorwürfe der Annahme von nicht deklarierten Geldern durch den ehemaligen Bundeskanzler Helmut Kohl und die Christlich Demokratische Union Deutschlands (CDU)[4], die erneut eine Debatte

---

[3] Unter Korruption wird hier die politische Korruption im Sinne von BLECHINGER (1998: 34) verstanden, bei der ein Tausch von politischen Handlungen gegen gesellschaftliche und/oder ökonomische Ressourcen zwischen einem öffentlichen Amtsträger und einem Geber, der sich davon eine politische Entscheidung zu seinen Gunsten erhofft, stattfindet.

[4] 1999 kam es zur Aufdeckung der sogenannten „CDU-Spendenaffäre", bei der die Existenz von schwarzen Konten der CDU im Ausland bekannt wurde, auf denen über DM 18 Millionen aus ungeklärten Quellen deponiert waren. Ex-Bundeskanzler Helmut Kohl gab schließlich zu, einen Teil des Betrages als Spenden erhalten und diese nicht im Rechenschaftsbericht deklariert zu haben. Die CDU verlor aufgrund des Verstoßes gegen das Parteiengesetz ihren Anspruch auf einen Teil der staatlichen Finanzierung und musste DM 41 Millionen an den Bundestag zurückzahlen. Der Bundestagsbeschluss wurde vom Bundesverwaltungsgericht im Februar 2003 bestätigt. Die Hintergründe dieser Affäre sind trotz des vom Bundestag eingesetzten Untersuchungsausschusses auch heute noch nicht aufgeklärt, auch deshalb, weil Helmut Kohl die Spendernamen verschweigt.

um Schwächen in der Parteienfinanzierung[5] entfachten. In Japan waren es Vorfälle, wie der Verdacht der Annahme von Schmiergeldern[6] oder auch Unregelmäßigkeiten im Umgang mit staatlichen Geldern zur Bezahlung von Mitarbeitern im Abgeordnetenbüro[7], die auf Schlupflöcher im gegenwärtigen System der Finanzierung politischer Aktivitäten aufmerksam machten. Die Entrüstung in der japanischen Öffentlichkeit war nicht gering, doch erreichte sie nicht das Ausmaß des öffentlichen Drucks, wie er nach dem Bekanntwerden des sogenannten „Recruit-Falles" (*Rikurûto jiken*) Ende der 1980er Jahre entstanden war, als zahlreiche Politiker in Insider-Geschäfte um den Recruit-Konzern verwickelt waren[8]. Damals wuchs die öffentliche Empörung über das Verhältnis von Politik und Geld dermaßen an - „der Zorn der Bevölkerung über

---

[5] Zwar fallen die Zahlungen der Schwarzgelder an die CDU zeitlich vor die letzte Reform des deutschen Parteiengesetzes von 1994, mit der die Rechenschaftspflicht verschärft wurde, aber trotz der geltenden strengeren Richtlinien für die Annahme von Spenden gab es in den Medien Forderungen nach einem grundsätzlichen Verbot von Spenden an Parteien durch juristische Personen (SCHMIDT 1999) bis hin zur Eindämmung der steuerlichen Begünstigung von Parteispenden durch Privatpersonen, wie es u.a. VON ARNIM seit mehreren Jahren verlangt (1996: 73 -74).

[6] Die Annahme von illegalen Unternehmensspenden war nur eine von vielen Anschuldigungen an den ehemaligen stellvertretenden Generalsekretär der Liberaldemokratischen Partei und Vorsitzenden des LDP-Ausschusses für Entwicklungszusammenarbeit Suzuki Muneo. Aufgrund zahlreicher Hinweise auf seine Einflussnahme im Außenministerium bei der Vergabe von Entwicklungshilfeprojekten trat Suzuki im März aus der LDP aus. Nachdem das Parlament seine Immunität als Abgeordneter am 19. Juni 2002 aufgehoben hatte, wurde er am selben Tag aufgrund des Bestechungsverdachts verhaftet (JA 2002d: 322-323).

[7] Prominente Politikerinnen, wie die ehemalige Außenministerin Tanaka Makiko (LDP) oder die junge Abgeordnete der Sozialdemokratischen Partei (SDP) Tsujimoto Kiyomi, wurden beschuldigt, die staatlichen Gelder, die jedem Parlamentsabgeordneten für die Finanzierung von drei Sekretären zustehen, für andere Zwecke missbraucht zu haben. Tsujimoto gab zu, die Gelder für andere Mitarbeiter ihres Abgeordnetenbüros ausgegeben zu haben (JA 2002a: 223), während Tanaka angab, mit finanziellen Belangen ihres Büros nicht persönlich befasst gewesen zu sein (JA 2002c: 321).

[8] Auf den Recruit-Fall wird im späteren Verlauf der Arbeit eingegangen: vgl. Kapitel 2.3.1.

die Skandale konnte nicht mehr übergangen werden" (SASAKI 1999: 9) -, dass die regierende Liberaldemokratische Partei (*Jiyû Minshutô* oder kurz: *Jimintô*; LDP) bei den Oberhauswahlen 1989 große Verluste erleiden musste[9]. Dadurch waren die Parteien, insbesondere die LDP, gezwungen, grundlegende Reformen im politischen System anzugehen. Erst nachdem es bei den Unterhauswahlen von 1993 erstmals zu einer Regierung ohne LDP-Beteiligung gekommen war, gelang es der neuen Regierungskoalition unter Premierminister Hosokawa Morihiro von der Neuen Partei Japans (*Nihon Shintô*; NPJ), im Konsens mit der LDP ein umfangreiches Reformpaket zu verabschieden[10]. Dieses umfasste ein neues Wahlsystem, die Revision des Gesetzes zur Regulierung politischer Gelder (*seiji shikin kiseihô*; im Folgenden: GRPG) und die Einführung einer staatlichen Parteienfinanzierung (KÖLLNER 2000: 149). Die staatliche Parteienfinanzierung, die im Japanischen wörtlich übersetzt als „Parteiensubvention" (*seitô joseikin* oder *seitô kôfukin*) bezeichnet wird, wurde als einer der Schwerpunkte der Reformen betrachtet, da man hoffte, einerseits zusammen mit der Reform des Wahlsystems die Kosten für politische Aktivitäten zu verringern, und andererseits zusammen mit der Reform des Systems politischer Gelder (*seiji shikin seido*; auch: Politikfinanzierungssystem) eine größere Transparenz der Finanzen von Politikern und Parteien zu schaffen (TACHIYAMA 1994: 198-199).

Mit der staatlichen Parteienfinanzierung ist nicht die Wahlkampfkostenerstattung, die Personal- oder Betriebskostenerstattung für Abgeordnetenbüros aus der Staatskasse gemeint, die es auch schon vor den 1994 in Kraft getretenen Reformen gegeben hat, sondern zweckungebundene staatliche Zuschüsse an die Parteien. Sie sind heute Bestandteil des Systems der politischen Gelder, worunter gemäß TOSAKI sämtliche „Geldmittel, die

---

[9] SASAKI (1999: 7) erinnert daran, dass „der große Sieg der Sozialisten bei den Oberhauswahlen von 1989 aufgrund des Dreierpacks Recruit-Fall [...], Einführung der Konsumsteuer und der Kritik an der Landwirtschaftspolitik errungen wurde und mit ideologischen Gründen nichts zu tun hatte".

[10] Vgl. Kap. 3.1.2.

Kandidaten oder Parteien für ihre Aktivitäten (einschließlich der Wahlkampfaktivitäten) verwenden" (1996: 55), verstanden werden.

Diese Arbeit stellt den Prozess der Einführung der staatlichen Parteienfinanzierung in Japan dar. Dabei wird auf die damalige kritische Diskussion eingegangen, bei der es unter anderem um die Fragen ging, ob eine staatliche Parteienfinanzierung in Japan verfassungskonform sei, mit welcher Begründung sie eingeführt werden könnte und auf welche Weise diese Subventionierung der Parteien stattfinden sollte (TACHIYAMA 1994: 199). Es wird dargelegt, zu welchem Zeitpunkt, aus welchen Gründen und mit welchen Zielen die staatlichen Zuwendungen für politische Parteien in Japan eingeführt wurden. Darüber hinaus wird die Arbeit die Fragen behandeln, wie und unter welchen Bedingungen die staatliche Parteienfinanzierung heute durchgeführt wird und ob sie Auswirkungen auf das Verhalten von Politikern und Parteien bei der Finanzierung ihrer Aktivitäten hat.

Es ist für das Verständnis der staatlichen Parteienfinanzierung wenig sinnvoll, diese vollkommen losgelöst von den übrigen Einnahmequellen, seien es Spenden, Mitgliedsbeiträge oder kommerzielle Aktivitäten - wie z.B. dem Verkauf von Parteizeitungen[11] - zu betrachten. Im folgenden Kapitel werden deshalb die Hintergründe der politischen Reformen von 1994 beschrieben. Dazu wird zunächst dargestellt, wie Politiker und Parteien ihre politischen Aktivitäten bis dahin finanzierten (Kapitel 2.1.1) und wie diese Art der Finanzierung gesetzlich reguliert wurde (Kapitel 2.1.2). Danach gilt es zu untersuchen, was den Finanzbedarf der Politiker in Japan verursacht hat, wobei die Ausgabenseite und das politische System zu betrachten sind (Kapitel 2.2). Bereits daraus wird die Problematik der Politikfinanzierung vor 1994 zu erkennen sein, die Gegenstand von Kapitel 2.3 ist. Am Beispiel des Recruit-Falles wird das Verhältnis von Unternehmen und Politik in Bezug auf die Finanzierung erläutert (Kapitel 2.3.1), um schließlich die Diskussion um

---

[11] In einer Mitteilung der Kommunistischen Partei Japans (KPJ) vom September 2002 heißt es, dass der Erlös aus dem Verkauf der Parteizeitung „Akahata" 85,1% der Einnahmen der Partei ausmache (KPJ 2002a).

Unternehmensspenden darzustellen (Kapitel 2.3.2). Der Recruit-Fall wurde deswegen gewählt, da dieser als Auslöser für den Reformprozess gilt[12]. Die großen Geldbeträge und die beträchtliche Zahl von Politikern fast aller Parteien, die davon profitierten, schienen die Geduldsgrenze der korruptionsgeprüften Öffentlichkeit überschritten zu haben.

In Kapitel 3 wird die Einführung der staatlichen Parteienfinanzierung behandelt. Dabei wird zuerst auf den Prozess eingegangen, der zu den Reformgesetzen des Jahres 1994 geführt hat (Kapitel 3.1.1), um dann die politische Einigung bezüglich des neuen Gesetzes zu schildern (Kapitel 3.1.2). Eine kurze Darstellung des Inhalts der Reformgesetze soll dieses Kapitel abschließen (Kapitel 3.1.3). In Kapitel 3.2 werden die gesetzlichen Bestimmungen zur staatlichen Parteienfinanzierung dargelegt, wozu nicht nur das Gesetz zur staatlichen Parteienfinanzierung (*seitô joseihô*) sondern auch das Gesetz zur Anerkennung von juristischen Personen (*hôjinkaku fuyohô*) gehört. In Kapitel 3.3 geht es um die Diskussion bezüglich der Subventionierung von politischen Parteien aus der Staatskasse, welche den Einführungsprozess der staatlichen Parteienfinanzierung begleitete. Hieran wird versucht, die Gründe für die Einführung dieser Art von Parteienfinanzierung in Japan, aber auch die Kritik an diesen Zahlungen herauszuarbeiten.

Das vierte Kapitel widmet sich der Durchführung der staatlichen Parteienfinanzierung (Kapitel 4.1). Dabei finden einerseits die staatliche Parteienfinanzierung in den Finanzberichten der letzten Jahre, die von den Politikern und Parteien jährlich den zuständigen Behörden vorgelegt werden müssen (Kapitel 4.1.1), und andererseits die Entwicklung des Systems politischer Gelder nach Einfüh-

---

[12] Es gab bereits vor Recruit Korruptionsskandale, die in der Öffentlichkeit für großes Aufsehen sorgten und zum Teil auch zu Veränderungen in der Politik führten. Auch zwischen dem Recruit-Fall und der Verabschiedung der Reformen gerieten weitere Fälle von Korruption an die Öffentlichkeit, die als „Reformbeschleuniger" (KLEIN 1998: 125) wirkten. Um den Rahmen der Arbeit nicht zu sprengen, kann jedoch nur am Rande auf diese Fälle eingegangen werden. Vgl. dazu auch z.B. MITCHELL 1996.

rung der staatlichen Subventionierung der Parteien (Kapitel 4.1.2)
Berücksichtigung. Die möglichen Einflüsse der staatlichen Gelder
auf die Arbeit der Politiker und Parteien und das Verhalten bezüglich der Finanzierung politischer Aktivitäten werden anschließend
in Kapitel 4.2 erörtert. Abschließend wird auf die Kritik an der
staatlichen Parteienfinanzierung eingegangen, um zu untersuchen,
ob die staatliche Parteienfinanzierung ihre Ziele, mehr Transparenz zu schaffen und für eine „saubere Politik" zu sorgen, erreicht
hat (Kapitel 4.3). Auch dabei wird es unerlässlich sein, auf die übrigen Arten der Beschaffung politischer Gelder einzugehen.

Mit dem Themenkomplex der Finanzierung politischer Aktivitäten befassen sich zahlreiche Monographien, Aufsatzsammlungen
und Artikel, einige im Rahmen der politischen Reformen von 1994
(z.B. SASAKI (1999), KLEIN (1998)), andere im Zusammenhang
mit Korruptionsfällen (BLECHINGER (1998), WOODALL
(1996)), wobei oft der Schwerpunkt auf die Regulierung der politischen Gelder gelegt wird. Nur wenige Studien behandeln allein die
staatliche Parteienfinanzierung. Unter diesen ist die 1994 erschie-
nene Arbeit einer Forschungsgruppe um den Verfassungsrechtler
Mori Hideki hervorzuheben, die im Jahr des Entstehens der Reformen anhand von Vergleichen mit der rechtlichen und politischen Lage anderer demokratischer Industrienationen ausführlich
das Für und Wider einer staatlich subventionierten Parteienfinanzierung untersucht hat. Der Schwerpunkt dieser Studie liegt zwar
auf den verfassungsrechtlichen Aspekten, aber sie liefert wichtige
Zusammenhänge zwischen dem rechtlichen Rahmen, dem politischen System sowie der allgemeinen Einstellung der Bürger.
   Zu den neueren Untersuchungen dieser Art zählt die Veröffentlichung von KAMIWAKI (1999b). Er befasst sich mit der
staatlichen Parteienfinanzierung und ihrer Problematik in Bezug
auf die Verfassungsmäßigkeit dieser Art der Politikfinanzierung,
wobei er hauptsächlich Vergleiche mit dem deutschen System der
Parteienfinanzierung anstellt. Interessant ist diese Betrachtung, da
sie auch den Zeitraum nach Einführung der Parteiensubvention

einbezieht und die Ergebnisse einer Umfrage zur staatlichen Parteienfinanzierung unter Politikern und Parteien enthält.

Wichtig für die hier vorliegende Arbeit war außerdem die umfassende Untersuchung zur Finanzierung politischer Aktivitäten von Abgeordneten, die von der Tageszeitung *Asahi Shimbun* in Zusammenarbeit mit Wissenschaftlern verschiedener Universitäten 1998 durchgeführt und 1999 publiziert wurde. Sie war die erste Studie nach Inkrafttreten der Reformen von 1994, die sowohl auf den Daten aus dem japanischen Innenministerium (*Jichi Shô*)[13] als auch den betreffenden Behörden der Präfekturen basierte. Zu diesem Zweck hatte man eine Vielzahl von Journalisten, Wissenschaftlern und Studenten bemüht, denn laut Gesetz ist es zwar jedem Bürger für einen Zeitraum von drei Jahren ab Veröffentlichung gestattet, Einsicht in die jährlich vorgelegten Finanzberichte zu nehmen, doch dürfen diese weder fotokopiert noch außerhalb des Ministeriums eingesehen werden (SASAKI et al. 1999: 210).

Allgemein zugänglich sind lediglich Zusammenfassungen der Finanzberichte beim heutigen Ministerium für öffentliches Management, Innere Angelegenheiten, Post- und Telekommunikation (*Sômu Shô*; im Folgenden: Ministerium für öffentliches Management), die in Amtsblättern und im Internet publiziert werden. Aus diesem Grund wurden die in den Finanzberichten veröffentlichten Daten über Einnahmen und Ausgaben der Politiker, die 1996 bei den ersten Unterhauswahlen in den Einerwahlkreisen kandidierten, handschriftlich kopiert[14] und der Untersuchung zu Grunde gelegt.

Weitere interessante Aspekte für diese Arbeit konnten auch aus Untersuchungen der Politikfinanzierung in anderen Ländern gewonnen werden. Hervorzuheben ist die internationale Ver-

---

[13] Das Innenministerium ist mit dem 06.01.2001 in das neu geschaffene Ministerium für öffentliches Management, Innere Angelegenheiten, Post und Telekommunikation (*Sômu Shô*) überführt worden.

[14] Dies wurde in einem Gespräch mit dem Journalisten YOSHIDA Shin'ichi detailliert erläutert. Die Abschriften der Finanzberichte befanden sich im Sommer 2000 noch in der Tôkyôter Redaktion der *Asahi Shimbun*, sie müssten jedoch nach Ablauf der Drei-Jahresfrist vernichtet worden sein (SASAKI et al. 1999: 43)

gleichsstudie über Politikfinanzierung in 13 Staaten, die 1994 von ALEXANDER und SHIRATORI zunächst in den USA publiziert wurde und ein Jahr darauf in japanischer Übersetzung erschienen ist. Letztere wurde ebenso für diese Arbeit herangezogen wie das Forschungsprojekt der Fernuniversität Hagen zur Finanzierung von Parteien in den Mitgliedstaaten der Europäischen Gemeinschaft im Jahr 1992 (TSATSOS 1992). Die Darstellung unterschiedlicher Parteiensysteme in westlichen Demokratien von WARE (1996) betrachtet unter anderem die Finanzierung der politischen Aktivitäten der Parteien, die staatliche Parteienfinanzierung spielt dort aber eine eher untergeordnete Rolle.

Artikel aus der Tagespresse waren insofern wichtig, als sie die Praxis der staatlichen Finanzierung von Parteien kritisch durchleuchten und zeitnahe Aspekte liefern. Dasselbe gilt auch für die Informationen der Parteien, die zum Teil im Internet verfügbar sind, jedoch mit gebotener Vorsicht verwendet wurden. Interessant war in diesem Zusammenhang die Kommunistische Partei Japans (*Kyôsantô*; KPJ), die die Annahme der staatlichen Subventionen beharrlich verweigert und als konsequenter Gegner der staatlichen Parteienfinanzierung die jährlichen Veröffentlichungen der Berichte über die Verwendung der Subventionen anderer Parteien lebhaft kommentiert.

Schließlich waren es zahlreiche persönliche Gespräche mit japanischen Politikern und Journalisten, die wichtige Informationen und Perspektiven zur hier behandelten Thematik boten. Nicht selten verhinderten sie, dass sich die Bewertung der gesammelten Informationen in die falsche Richtung bewegte.

2. Hintergründe der politischen Reformen von 1994

Demokratie kostet Geld. Je mehr Bürger sich an ihr beteiligen, desto mehr Kosten werden verursacht (TOMISAKI 1996: 50). In Japan erfordern allein die Betriebs- und Personalkosten eines Büros im Wahlkreis[15] beachtliche Finanzmittel. Im Sommer 2002 legte der LDP-Abgeordnete Mizuno Keiichi als einer von zehn jüngeren Parlamentsabgeordneten der LDP und der Demokratischen Partei (*Minshutô*; DP) seine Finanzen offen[16] und gab an, dass er im Jahr 2001 allein für diese beiden Posten 38,1 Millionen Yen ausgegeben habe (JA 2002b: 318). Hinzu kommen sowohl für einzelne Politiker als auch Parteien Kosten für Wählerwerbung, die sowohl zu Wahlkampfzeiten als auch für allgemeine Aktivitäten im Wahlkreis oder innerhalb der Partei benötigt werden. Im Jahr 2001 beliefen sich beispielsweise die Gesamtausgaben der LDP auf etwa 29,24 Milliarden Yen, wobei sie lediglich von der KPJ um ca. 5,7 Milliarden Yen übertroffen wurde (SÔMU SHÔ 2002). Angesichts solcher Summen ist es verständlich, wenn „die Rolle des Geldes in der heutigen politischen Struktur, im politischen System und in politischen Prozessen zu einer wichtigen" wird (ALEXANDER/ SHIRATORI 1995: 7), und die Frage der Finanzierung politischer Aktivitäten eine „nicht wegzudenkende" Stellung in der Demokratie und bei den Parteien hat (TOSAKI 1996: 50).

Im folgenden wird erläutert, wie Politiker und Parteien vor Einführung der staatlichen Parteienfinanzierung ihre Ausgaben finanzierten, wie die Finanzierung reguliert wurde, für welche Aktivitäten die Mittel verwendet wurden und worin die Problematik in dem herkömmlichen System lag.

---

[15] Ein Mandatsträger führt zudem ein Büro im Abgeordnetenhaus, aber die Kosten hierfür werden zu einem großen Teil vom Staat getragen.
[16] Vgl. dazu auch Kap. 4.2.

2.1. Politikfinanzierung bis 1994

Schon zu Beginn des letzten Jahrhunderts war die Beschaffung der
Gelder für politische Aktivitäten im wesentlichen Angelegenheit
des einzelnen, für ein Mandat kandidierenden Politikers, der bisweilen sogar sein eigenes Privatvermögen [17] zur Pflege seines
Wahlkreises einsetzen musste (KÖLLNER 2000: 149). Nach Ende
des Zweiten Weltkriegs nahm die Politikfinanzierung ein Ausmaß
an, das in den Augen des Staates eine Regulierung notwendig
machte.

2.1.1. Beschaffung politischer Gelder

Grundsätzlich standen einem Politiker vier Finanzquellen zur Verfügung: „The party, the faction, direct business contributions and
personal resources" (CURTIS 1988: 178). HIROSE (1989: 62-63)
zählt noch die staatlichen Mittel hinzu, die einem Parlamentsabgeordneten in Form von Diäten und Geldern zum Unterhalt des
Abgeordnetenbüros, zur Abdeckung der Fahrt- und Kommunikationskosten gezahlt werden. Aber diese sollen in der folgenden
Betrachtung nicht berücksichtigt werden, da sie nie von der Regulierung der Politikfinanzierung betroffen waren. Was hingegen
noch zu den Geldquellen gezählt werden muss, sind direkte Zuwendungen von Einzelpersonen, doch spielten diese im Vergleich
zu den Spenden von Unternehmen und Verbänden eher eine untergeordnete Rolle.

Parteien wiederum finanzierten sich mit Hilfe ihrer Mitglieds-
beiträge, durch Spenden, Einnahmen aus Geschäftstätigkeiten und
Aktivitäten wie z.B. Spendensammelpartys (IWAI 1990: 92-93). In
Anlehnung an das amerikanische Vorbild der „fundraising par-
ties" wurde, nachdem gesetzlich eine quantitative Begrenzung von
Unternehmensspenden festgelegt worden war, damit begonnen,

---

[17] Es gab den Begriff der „Brunnen- und Zaunpolitiker" (*idobei seijika*), die für
die Ausübung ihrer Politik ihr gesamtes Vermögen verbrauchten, so dass ihnen
zum Schluss von ihrem Besitz nichts als ihre Brunnen und Zäune verblieb
(CURTIS 1988: 178).

über den Verkauf von Party-Tickets Geld einzunehmen[18] (IWAI 1990: 82). Abbildung 1 zeigt bis zum Anfang der 1990er Jahre einen Anstieg der Einnahmen aller Parteizentralen[19]:

Abbildung 1: Entwicklung der Gesamteinnahmen der Parteizentralen pro Jahr

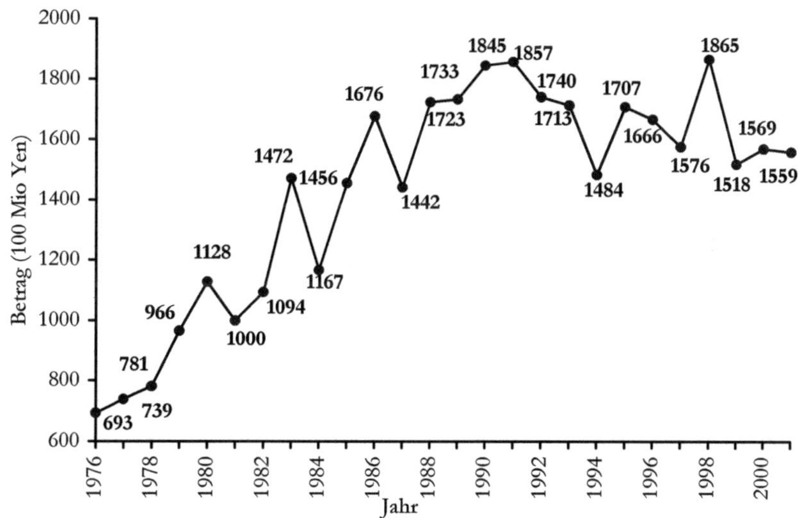

(Quelle: SÔMU SHÔ 2002)

Je nach Partei ergab sich eine unterschiedliche Zusammensetzung der Finanzquellen. Von Mitgliedsgebühren profitierte stets die heutige Sozialdemokratische Partei (*Shakai Minshutô*; SDP) - früher

---

[18] „The idea for these parties initially was taken from the American practice of fund-raising dinners. Virtually unknown in Japan before 1975, fund raisers are now a major source of income" (CURTIS 1988: 185).
[19] Die Daten dieser Abbildung stellen die Einnahmen dar, die die Parteizentralen an das Innenministerium meldeten. Die Angaben der lokalen politischen Organisationen werden von den Präfekturbehörden erhoben und sind hier nicht enthalten, zumal sich in deren Berichten auch Gelder aus der Parteizentrale wiederfinden und insofern doppelt gemeldet sind.

Sozialistische Partei Japans (*Nihon Shakaitô*; SPJ)[20]-, da Beiträge über die Gewerkschaften eingenommen wurden. Eine zweite wichtige Säule der Finanzierung bildete bei der SDP der Erlös aus dem Vertrieb von Parteipublikationen, aber auch diese fanden ihre Abnehmer in der Regel in Gewerkschaftskreisen. Der Verkauf von Druckschriften war auch bei der KPJ und der buddhistischen Partei für Saubere Politik (*Kômeitô*; PSP) die Haupteinnahmequelle. Mit einer Auflage von bisweilen drei Millionen war und ist das KPJ-Parteiorgan *Akahata*, eine Zeitung, die nicht nur von Parteimitgliedern gekauft und gelesen wird, die wichtigste Einnahmequelle für die KPJ (IWAI 1990: 92-94). Die Schriften der *Kômeitô* wurden dagegen hauptsächlich von Anhängern der buddhistischen Laienbewegung *Sôka Gakkai*[21] gekauft, auf deren Initiative die Gründung der PSP zurückzuführen ist (POHL 1994: 91-95).

Die Situation der LDP war eine andere, denn sie verfügte nicht über eine gut ausgebaute lokale Parteistruktur oder attraktive Publikationen. Da sie seit 1955 die Regierung stellte und somit das Bild der japanischen Politik und Parteienlandschaft prägte, bilden die Partei und ihre Finanzierungspraktiken den Schwerpunkt der folgenden Ausführungen.

Die LDP war von allen Parteien am stärksten von Spenden abhängig, in den späten 1980er Jahren bezog sie über die Hälfte ihrer Einnahmen aus Spenden[22]. Mitgliedsbeiträge und Erlöse aus

---

[20] Im Februar 1991 beschloss die zu Beginn des 20. Jahrhunderts gegründete Sozialistische Partei, ihre englische Bezeichnung „Japan Socialist Party" zu ändern und sich „Social Democratic Party of Japan" zu nennen. Die Änderung des japanischen Parteiennamens von *Shakaitô* (Sozialistische Partei) in *Shakai Minshutô* (Sozialdemokratische Partei) erfolgte auf dem Parteitag im Januar 1996 (ASAHI SHIMBUN 19.10.1991: 2; ASAHI SHIMBUN 20.01.1996: 1).

[21] Die zu den Neuen Religionen gehörende Sekte buddhistischen Ursprungs *Sôka Gakkai* zählt laut eigenen Angaben 8,21 Millionen Haushalte in Japan zu ihren Mitgliedern. Ihr möglicher Einfluss auf die Politik der *Kômeitô* wird von der Öffentlichkeit kritisch betrachtet; vgl. dazu WIECZOREK 2000.

[22] Die 1989 von der *Asahi Shimbun* durchgeführte Umfrage ergab, dass der Durchschnitt der 100 befragten Abgeordneten 39% seiner Einnahmen durch Unternehmensspenden, 17% über Spendensammelpartys, 15% über Individual-

geschäftlichen Tätigkeiten machten zusammen nur ein Drittel der Einnahmen aus (KLEIN 1998: 9). Als Spendenempfänger fungierten die Partei, beispielsweise in Form der Sammelorganisation „Gesellschaft für Volkspolitik" (*Kokumin Seiji Kyôkai*), die einzelnen Politiker und vor allem die Faktionen (*habatsu*). Zwar wiesen auch andere Parteien solche internen Machtgruppen auf, doch hatten diese eher den Charakter von Parteiflügeln, die aufgrund unterschiedlicher Ideologien oder Programmatiken innerhalb einer Partei existierten (IWAI 1990: 102).

Bei der LDP hingegen waren Politiker auf die Faktionen auch als Organisationen zur Kapitalbeschaffung angewiesen[23]. Lange „konnte die Parteizentrale der LDP ihren offiziell nominierten Kandidaten keine ausreichenden Mittel für den Wahlkampf und zur »Wahlkreispflege« zur Verfügung stellen, diese Mittel mussten von den Faktionsbossen kommen." (POHL 1994: 79) Denn das Kapital, das die Faktionen von der Wirtschaft sammelten, übertraf das, was die Parteizentrale an Spenden sammeln konnte, um ein Vielfaches (HIROSE 1989: 69)[24].

2.1.2. Regulierung der Politikfinanzierung

Der gesetzliche Rahmen für die Finanzierung von politischen Aktivitäten wurde 1948 geschaffen. Der Grund dafür war, dass es nach den Unterhauswahlen, die in den Wirren der Nachkriegszeit im April 1946 abgehalten wurden, Vermutungen gab, einige Parteien hätten Stimmen „gekauft" (KLEIN 1998: 47). Auf Geheiß des „Supreme Commander for the Allied Powers" (SCAP) wurde rasch ein Parteiengesetz entworfen, das Mindestanforderungen an eine politische Partei bezüglich finanzieller Verhaltensweisen und Rechenschaft festlegen sollte, um so auch gegen Korruption vor-

---

spenden, 12% aus dem eigenen Vermögen, 9% von den Faktionen und 8% über Kredite bezog (ASAHI SHIMBUN 10.04.1989: 2).

[23] Zur Rolle der Faktionen in der LDP: vgl. KLEIN 1998: 72-78; WODDALL 1996: 88-90.

[24] Auf die Art, wie innerhalb der LDP die Gelder verteilt wurden, wird in Kapitel 4 näher eingegangen.

gehen zu können. Das Kabinett stimmte diesem Entwurf jedoch nicht zu, so dass Korruptionsvermeidung und Parteiengesetz nach Absprache mit SCAP zunächst vertagt und der Ausarbeitung eines neuen Wahlsystems[25] Vorrang geben wurde. Aufgrund der lauter werdenden Forderungen nach Regeln zur Vermeidung von Korruption, wurde schließlich das Problem der Politikfinanzierung doch in den entsprechenden Ausschüssen beraten. Am 30. April 1948 kam es zur Verabschiedung des GRPG, das im Juli desselben Jahres in Kraft trat (YASUDA/TAKADA 2000: 278-279).

Mit dem Gesetz, in dessen Mittelpunkt die Pflicht der Parteien und politischen Organisationen zur Dokumentation ihrer Einnahmen und Ausgaben sowie zu deren Offenlegung stand, entstand das erste System der Politikfinanzierung, denn laut TOSAKI wird ein System zur Politikfinanzierung definiert als „Gefüge von diversen Gesetzen, Gewohnheiten und Bestimmungen zur Kontrolle, Regulierung oder Maßregelung der Finanzen, über die Kandidaten oder Parteien verfügen" (1996: 55-56). Das Gesetz sollte ein Mittel zur Schaffung von Transparenz in den Finanzen sein (KOSHIJI et al. 1998: 8). Da es aber keine Bestimmungen bezüglich der Einnahmenarten einer Partei enthielt, entpuppte es sich als „ineffektives Kontrollinstrument" (KÖLLNER 2000: 149).

Es erwies sich als unzureichend, die Öffentlichkeit über Spenden an Parteien und Politiker mittels der Dokumentationen zu informieren, ohne dabei Gesetzesübertretungen zu kennzeichnen. Das Gesetz war zudem zu grobmaschig geflochten. Schon früh wurde es darum als „Sieb-Gesetz" (*zaru hô*) bezeichnet (IWAI 1990: 72).

---

[25] Die Kritik an den Wahlen vom April 1946 richtete sich nicht nur gegen den Stimmenkauf. Es war die einzige Wahl unter einem Verhältniswahlsystem, bei dem Wahlberechtigte je nach ihrer Wahlkreisgröße bis zu drei Stimmen vergeben konnten. Nachdem auch die alliierten Besatzungsmächte Neuwahlen gefordert hatten, beschloss die damalige Regierung unter Yoshida Shigeru eine Reform des Wahlsystems (KLEIN 1998: 46-47).

Eine Reihe von Bestechungsfällen sorgte immer wieder für Kritik. Beispielsweise führte der „Schwarzer-Nebel-Fall" (*kuro kiri jiken*) von 1966, der sogar die vorzeitige Auflösung des Parlaments zur Folge hatte, zur Gründung eines Ausschusses, der eiligst einen Bericht zu Verbesserungsmöglichkeiten der Regulierung der Politikfinanzierung vorlegte. Darin wurde unter anderem die Einführung eines Höchstbetrages für Spenden, das Verbot von anonymen Spenden und eine Verschärfung der Offenlegungspflicht aller Einnahmen empfohlen (YASUDA/TAKADA 2000: 280-284).

Es folgten zwar „angeregte Debatten" im Parlament, aber erst 1975 führten diese zu einer ersten großen Revision des Gesetzes[26]. Der nach dem damaligen Premierminister Miki Takeo benannte „Miki-Entwurf" sah vor, „to alter the traditional pattern of funding so that money would flow more to parties and less to factions and to individuals, and would come more from individual donors and less from large corporations" (CURTIS 1988: 180). Der Entwurf beinhaltete erstmals eine strenge quantitative wie auch qualitative Begrenzung von Spenden an Politiker und Parteien. Unternehmen und Organisationen, wie z.B. Gewerkschaften, sollten je nach ihrer Größe (gemessen am Kapital bzw. an den Mitgliederzahlen) im Jahr bis zu 100 Millionen Yen an eine Partei bzw. deren Spendenorganisation (*seiji shikin dantai*) spenden dürfen. Handelte es sich dabei um eine Spende an einen bestimmten Politiker oder eine Faktion, so sollte der Betrag auf 1,5 Millionen Yen pro Jahr begrenzt sein.

Darüber hinaus waren Spenden an andere politische Organisationen bis zur Hälfte des Spendenbetrages an eine Partei, d.h. maximal 50 Millionen Yen, erlaubt. Einzelpersonen wurde eine Spende an eine Partei oder ihre Spendenorganisation bis zu einer Höchstgrenze von 20 Millionen Yen pro Jahr gestattet. Andere politische Organisationen konnten von einer Privatperson eine Spende von bis zu 10 Millionen Yen entgegennehmen. Die Spende an einen bestimmten Politiker war ebenso wie bei den Unterneh-

---

[26] 1962 wurde es zur Pflicht, den Finanzberichten Quittungskopien beizufügen (YASUDA/TAKADA 2000: 280).

mensspenden auf einen Gesamtjahresbetrag von 1,5 Millionen Yen beschränkt (IWAI 1990: 77). Die verhältnismäßig hohe Grenze bei Einzelpersonen sollte die Idee Mikis, individuelle Spender zu bevorzugen, unterstützen.

Daneben wurde die Offenlegungspflicht für Einnahmen und Ausgaben in den Finanzberichten verschärft, die steuerliche Begünstigung von Spenden durch Privatpersonen, eine genauere Definition von politischen Parteien und Organisationen sowie die Verbesserung des Antragsverfahrens für politische Organisationen festgelegt (KOSHIJI et al. 1998: 9). Besonders die Einführung eines Spendenmaximums galt als wichtige Neuerung des GRPG. Die Obergrenze für solche Zuwendungen wurde zudem in den folgenden Jahren weiter gesenkt, was die betroffenen Politiker dazu veranlasste, auf andere Methoden des Geldsammelns auszuweichen. Als Beispiele können die o.g. Fundraising-Partys oder die Annahme von geldwerten Leistungen genannt werden[27].

Der Gesetzesentwurf wurde im Sommer 1975 verabschiedet, doch schon ein Jahr darauf kam wieder ein großer politischer Korruptionsfall ans Licht. Im sogenannten „Lockheed-Fall" (*Rokkīdo jiken*) hatte der ehemalige Premierminister Tanaka Kakuei Bestechungsgelder von dem US-amerikanischen Flugzeugbauer Lockheed akzeptiert. Tanaka wurde verhaftet und später aufgrund der Annahme von Geldern in Höhe von 500 Millionen Yen verurteilt (CURTIS 1988: 163, BLECHINGER 1998: 65). Nicht nur anlässlich dieser Affäre wurde schnell klar, dass das GRPG immer noch Lücken aufwies. Die Ziele Mikis, eine Verschiebung der Hauptgeldquelle von Unternehmen und Verbänden hin zu natürlichen Personen zu erreichen sowie die Rolle der Partei zu stärken, konnten nicht erreicht werden (CURTIS 1988: 182).

---

[27] In einer Umfrage der *Asahi Shimbun* im Jahr 1989 unter 100 Parlamentsabgeordneten gaben einige Politiker an, keine Personalkosten zu haben, da ihr Personal entweder vom Staat bezahlt wurde, im Falle der Sekretäre im Abgeordnetenbüro, oder von Unternehmen gesponsert war, indem ihnen beispielsweise Mitarbeiter oder Autos inklusive Chauffeur kostenlos zur Verfügung gestellt wurden (HIROSE 1989: 30).

Zum einen war es politischen Organisationen und Verbänden noch möglich, Spenden in unbegrenzter Höhe an Parteien zu richten, und Unternehmen bzw. Branchenverbände konnten eigene Organisationen zum ausschließlichen Zweck der Bildung eines Kapitalpools gründen. Politische Organisationen waren nicht den strengen Offenlegungspflichten unterworfen, die Politiker oder Parteien einzuhalten hatten. Erst ab einem Betrag von zehn Millionen Yen mussten die politischen Organisationen die Spendernamen bekannt geben, während Parteien schon ab 10.000 Yen dieser Pflicht unterlagen (IWAI 1990: 79). Zum anderen durfte ein Politiker über eine unbegrenzte Anzahl von Spendensammelorganisationen verfügen. Spenden wurden gestückelt und an verschiedene Organisationen geleitet, so dass eine wirkliche Transparenz nie erreicht werden konnte (KÖLLNER 2000: 150).

Dies führte 1980 zu erneuten Änderungen des Gesetzes, mit denen die Finanzen eines einzelnen Politikers transparenter gestaltet werden sollten. Demnach mussten Politiker eine Spendensammelorganisation (*shitei dantai*) festlegen, deren Bericht sämtliche Einnahmen und Ausgaben umfassen musste. Ohne Spendenorganisation mussten Politiker den Finanzbericht persönlich anfertigen. Darüber hinaus wurden einige Punkte im Formular zur Anfertigung eines Finanzberichts vereinfacht (YASUDA/ TAKADA 2000: 287-288). Bis zur großen Reformdiskussion zu Beginn der 1990er Jahre erfolgte dann keine Revision des GRPG mehr.

2.2. Ursachen für den Finanzbedarf in der japanischen Politik

Die zahlreichen Verstöße gegen das GRPG und die Versuche, Schlupflöcher in dem Gesetz zu nutzen, zeigen, dass die legal zu erwerbenden Finanzmittel von Politikern oft als nicht ausreichend betrachtet wurden. Was verursacht aber derart hohe Ausgaben? Ein kritischer Politiker kommentierte Ende der 1980er Jahre: „[Diese Situation] bedeutet nicht, dass Politik Geld kostet, sondern dass viel Geld für Politik verwendet wird" (HIROSE 1989: 33).

Betrachtet man die Ausgabenentwicklung in den vergangenen 20 bis 30 Jahren, so ist, ähnlich wie bei den Einnahmen, eine ansteigende Tendenz von den 1970er Jahren bis zum Beginn der 1990er Jahre zu erkennen[28].

Abbildung 2: Entwicklung der Gesamtausgaben der Parteizentralen pro Jahr

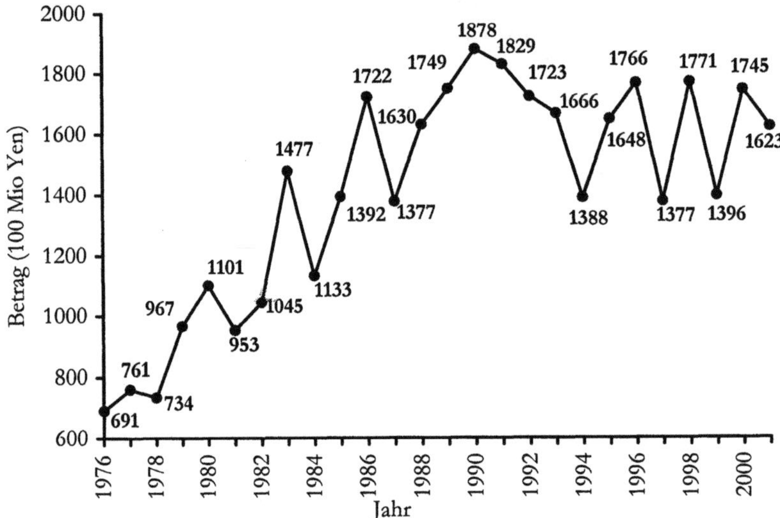

(Quelle: SÔMU SHÔ 2002)

Auch hier wird am Ende der 1980er Jahre und am Anfang der 1990er Jahre ein Höhepunkt erreicht. Die Abbildung zeigt außerdem, dass es in den Wahljahren meist zu einem erhöhten Finanzaufwand kam. 1983 fanden beispielsweise Kommunal-, Unterhaus- und Oberhauswahlen statt, die Parteien gaben in diesem Jahr insgesamt ca. 147,7 Milliarden Yen aus. Im Vergleich zum Vorjahr, in dem Ausgaben in Höhe von ca. 104,5 Milliarden Yen verzeichnet wurden, gab es somit einen Anstieg um mehr als 40%. Ähnliches

---

[28] Ab Mitte der 1990er Jahre sind von Jahr zu Jahr Schwankungen in den Ausgaben zu erkennen. Zur Erklärung vgl. Kap. 4.2. bzw. Fußnote 19 auf S. 25;

lässt sich für das Jahr 1986 sagen, in dem Unterhaus- und Oberhauswahlen stattfanden und mit 172,2 Milliarden Yen etwa 23% mehr ausgegeben wurde als im Jahr zuvor. 1984 dagegen fanden keine großen Wahlen statt, die Ausgaben verringerten sich.

Eine Ausgabenbeschränkung wurde lediglich im Wahlgesetz für öffentliche Ämter (*kôshoku senkyohô*) festgelegt, einem Gesetz, das 1950 eingeführt wurde und alle Wahlen zu öffentlichen Positionen regelt. Um die Möglichkeit des direkten Stimmenkaufs zu unterbinden, sah dieses Gesetz eine Obergrenze für die Ausgaben der Kandidaten vor, allerdings nur für die Wahlkampfaktivitäten[29]. Mit der Miki-Reform durften Kandidaten für solche öffentlichen Ämter ab Auflösung des Parlaments bis zur Wahl kein Geld mehr als Spenden deklarieren und unter den Wählern verteilen. Allerdings wurde der Begriff der „Spende" von manchen Politikern so eng gefasst, dass sie Sachgeschenke oder geldwerte Leistungen als erlaubt betrachteten oder trotz drohender Sanktionen das Verbot einfach missachteten[30] (HIROSE 1989: 23-25).

1989 schlossen sich zehn neue Parlamentarier (*ichinensei giin* oder *wakate giin*) der LDP zur „Politischen Studiengruppe Utopia" (*Yûtopia Seiji Kenkyûkai*) zusammen und versuchten, Licht in die Finanzierung politischer Aktivitäten zu bringen, indem sie ihre eigenen Finanzen offen legten (HIROSE 1989: 10). Fast zeitgleich führte die Tageszeitung *Asahi Shimbun* eine Umfrage unter 100 LDP-Abgeordneten durch, bei der nach Einnahmen und Ausgaben gefragt wurde. Die so erworbenen Daten gaben erstmals einen Einblick in die Geldbeutel der Politiker (HIROSE 1989: 16) und lüfteten den „dunklen Schleier" der Politikfinanzierung (IWAI 1992: 67).

---

[29] In Japan ist der Wahlkampf und damit das direkte Werben um Wählerstimmen streng auf einen Zeitraum von gegenwärtig zwölf Tagen (Unterhaus) bzw. 17 Tagen (Oberhaus) beschränkt.

[30] Der Journalist HAYANO Tôru berichtete im Gespräch von Bargeldscheinen, die verborgen in Reiskugeln (*onigiri*) auf Wahlkampfveranstaltungen an potenzielle Wähler verteilt wurden (05.07.2000).

Überraschend für die Öffentlichkeit war, dass diese Abgeordneten im Jahr Einnahmen und Ausgaben von durchschnittlich über 100 Millionen Yen hatten, in Wahljahren sogar doppelt so viel (HIROSE 1989: 33; IWAI 1990: 127). Aufschlussreich war zudem die Verteilung der Ausgaben auf die einzelnen Posten (vgl. Tab.1/Tab.2).

Tabelle 1: Durchschnittliche Ausgaben pro Jahr eines Abgeordneten der Studiengruppe Utopia

Art der Ausgaben	Betrag (in Mio Yen)
Personalkosten	39,826
Fahrt-, Kommunikationskosten	19,930
Bürokosten	11,924
Politische Aktivitäten	44,769
Politische Maßnahmen	9,204
Geschenke zu Feierlichkeiten	16,663
Unterstützungsorganisationen	18,9
Gesamt	**116,45**

(Quelle: IWAI 1990: 126)

Tabelle 2: Durchschnittliche Ausgaben pro Jahr der 100 von der *Asahi Shimbun* befragten Politiker

Art der Ausgaben	Betrag (in Mio Yen)
Personalkosten	30,24
Kommunikationskosten	8,7
Bürokosten	30,0
Geschenke zu Feierlichkeiten	6,6
Sonstiges	19,17
Gesamt	**94,71**

(Quelle: ASAHI SHIMBUN 04./05./07./09.04.1989)

Neben den Büro, Fahrt- und Kommunikationskosten nahmen die Personalkosten mit durchschnittlich 34,2% und die Ausgaben für politische Aktivitäten (*katsudô hi*) mit 38,4% den größten Anteil ein, wobei letzterer Posten weiter in Ausgaben für politische Maßnahmen (*seisaku katsudô*), für die persönlichen Unterstützungsorganisationen (*kôenkai*) und für Geschenke zu feierlichen Anlässen (*kankonsôsai*) unterteilt war (IWAI 1990: 126). Den Angaben der Utopia-Abgeordneten zufolge gaben sie im Schnitt über 16,66 Millionen Yen für Geldgeschenke, Blumen oder Räucherstäbchenpäckchen anlässlich von Beerdigungen, Hochzeiten oder anderen Festen aus.

Die Umfrage der *Asahi Shimbun* ergab, dass Politiker im Schnitt 26,5-mal im Monat an Beerdigungen teilnahmen (ASAHI SHIMBUN 07.04.1989: 2). Schafften sie es nicht persönlich zu erscheinen, mussten ihre Sekretäre oder Ehefrauen an ihrer Stelle einen Beileidsbesuch abstatten[31]. Die Zahl der Hochzeiten lag im Schnitt bei 6,6 pro Monat. Da Politiker auf Hochzeiten in der Regel eine Ansprache halten und somit länger verweilen mussten, waren unter Politikern aufgrund ihrer höheren Effizienz Beerdigungen zynischerweise beliebter (HIROSE 1989: 17). Die Spitzenreiter unter ihnen schafften es, in einem Monat auf mehr als 20 Hochzeiten und mehr als 100 Beerdigungen Präsenz zu zeigen (ASAHI SHIMBUN 07.04.1989: 2).

Die Zahl der Jahresendfeiern (*bônenkai*) oder Neujahrsfeiern (*shin'nenkai*), an denen Politiker teilnahmen, lag durchschnittlich sogar bei 116 (ASAHI SHIMBUN 09.04.1989: 2). Es ist Brauch in Japan, zu solchen feierlichen Gelegenheiten nicht mit leeren Händen zu erscheinen, sondern mit einem Geldumschlag. Es handelt sich im Falle der Politiker aber nicht um eine Art „des Schenkens aus persönlicher Zuneigung", sondern um „das durchaus kalkulierende Schenken aus ‚Pflicht'" (DEUTSCHMANN 1998: 13). Je nach Politiker und Anlass fand man in den kunstvollen Umschlägen, die von ihren Gebern schlicht als „Tüten" (*fukuro*) bezeichnet

---

[31] 1989 wurde es verboten, dass Mitarbeiter in Vertretung der Politiker zu solchen Anlässen erscheinen (KLEIN 1998: 90).

wurden, Beträge in Höhe von 10.000 bis 50.000 Yen. Unter gewöhnlichen Umständen hätten diese Beträge noch im Rahmen des gesellschaftlich Üblichen gelegen, jedoch führte die Häufigkeit der Geschenke zu enorm hohen Ausgaben in diesem Bereich (IWAI 1990: 130). Einige Politiker versuchten zu sparen, indem sie Sachgeschenke wie z.B. Blumen in großen Mengen günstiger erwarben und zu den entsprechenden Anlässen mitnahmen. Aber der Konkurrenzdruck innerhalb des Wahlkreises führte in vielen Fällen zur Eskalation solcher Geschenkrituale (HIROSE 1989: 21).

Einen Beweis für die Wirksamkeit solcher Geschenke gab es nicht. Fest stand, dass diese zu den „grundlegenden Aktivitäten" gehörten, die Wähler von einem Politiker erwarteten (IWAI 1990: 130). Und von Seiten der Politiker hoffte man, dass die Wähler „aus einem Gefühl der Verpflichtung oder des Dankes heraus oder aber weil sie persönlichen Kontakt zu dem Kandidaten bzw. seinen Mitarbeitern hatten, für diesen Politiker stimmen" (KLEIN 1998: 88).

Unter die Ausgaben für politische Maßnahmen fielen unter anderem zahlreiche Veranstaltungen, die Politiker ihren potenziellen Wählern anboten. Diese konnten die Form von Karaoke-Wettbewerben, Sportveranstaltungen, Teekränzchen oder Kurzreisen annehmen. Es reichte, wenn der Politiker auf diesen Veranstaltungen eine kurze Ansprache hielt, um sie zu einer „Versammlung zur politischen Bildung" zu erklären (HIROSE 1989: 24). Zwar wurde den Teilnehmern eine Gebühr abverlangt, aber auch hier bereitete man Lunchpakete (*bentō*) oder kleine Geschenke für alle vor, so dass es sich für die teilnehmenden Stimmberechtigten „lohnte", dabei zu sein (ASAHI SHIMBUN 05.04.1989: 2).

Ein Grund für diese Dienstleistungen in den Wahlkreisen (*senkyoku sābisu*) war die politische Unsicherheit nach dem Bekanntwerden des Lockheed-Falles, die „den Politikern eine gründliche Pflege des Wahlkreises abverlangte." (IWAI 1990: 232) Ein anderer Grund war die Pflege der Unterstützungsgruppen, für die einige exklusive Veranstaltungen stattfanden. Darum wurden deren

Ausgaben neben Druckkosten für die Organblätter (*kikanshi*) auch unter den Ausgaben für die persönlichen Unterstützungsgruppen verbucht. (IWAI 1990: 128). Gerade im Vorfeld von Wahlen wurden die Mitglieder der *kôenkai* gerne zu solchen Events eingeladen, um „die Moral zu erhöhen und den Zusammenhalt zu stärken" (HIROSE 1989: 39). Schließlich spielten die Mitglieder der Unterstützungsgruppen eine nicht unwichtige Rolle im Wahlkampf.

Wenn ein Politiker für eine Wahl kandidierte, so war es wichtig, über die sogenannten drei „*ban*" (*sanban*) zu verfügen, um gewählt zu werden. Gemeint waren damit die regionale Basis (*jiban*), in der er über eine wahrscheinliche Stimmenmehrheit verfügte, ein ausreichend großer Geldbeutel (*kaban*), um die Wahlen zu finanzieren, und ein Aushängeschild (*kanban*), womit der Ruf des Politikers gemeint war (KLEIN 1998: 94). Diejenigen, die diese drei Faktoren förderten, waren die Mitglieder der persönlichen Unterstützungsgruppen, die Stimmenwerbung betrieben und Spenden sammelten[32] (SASAGO et al. 1990: 19).

Viele der Aktionen, die von *kôenkai*-Mitgliedern durchgeführt wurden, waren laut Wahlgesetz für öffentliche Ämter nicht gestattet. Eine Bewirtung der Besucher von Wahlkampfveranstaltungen, die über eine Tasse Tee und eine Süßigkeit hinausging, war beispielsweise verboten. Aber da Sanktionen gegen solche Vergehen häufig ausblieben, setzten sich viele darüber hinweg. Die bereits erwähnte Erwartungshaltung seitens der Wählerschaft ließ den Politikern scheinbar keine Wahl[33] (KLEIN 1998: 96).

---

[32] Der ehemalige Premierminister Tanaka systematisierte die Organisation der *kôenkai* zu seinen Nutzen. Er machte aus diesen regelrechte „Automaten" (*shûhyô mashîn* oder *shûkin mashîn*) zum Eintreiben von Stimmen und Spenden, indem er über den ganzen Wahlkreis Büros seiner Unterstützungsgruppe einrichten ließ, lokale Größen oder Kommunalpolitiker zu den Leitern der jeweiligen Büros ernannte und für sich werben oder arbeiten ließ (SASAGO et al. 1990: 19).

[33] Früher war es durchaus üblich, dass in den Wahlkampfbüros ein Essen serviert wurde. Der Wahlkreis Gunma 3, aus dem die ehemaligen Premierminister Fukuda Takeo und Nakasone Yasuhiro stammten, war dafür so berühmt, dass man ihn scherzhaft als „Restaurant Nakasone – Gasthaus Fukuda" (*Nakasone*

Derart intensive und mühsame Wahlkreispflege wurde von LDP-Politkern gerne „Unkrautjäten im Reisfeld" (*ta no kusatori*) genannt. Das Schlagwort „*kinki karai*" („Freitags nach Hause, dienstags zurück")[34] belegt, wie viel Zeit ein Abgeordneter nutzen musste, um seine Wähler bei der Stange zu halten. Und all dies trotz des hohen Personaleinsatzes eines jeden Politikers. Der Durchschnitt der befragten Parlamentarier in der Untersuchung der *Asahi Shimbun* verfügte über 13,1 Mitarbeiter, während der Durchschnitt der Utopia-Studiengruppe gar bei 16,2 festen Mitarbeitern lag. Auch hier ließ der Konkurrenzdruck zwischen den konkurrierenden Politikern eines Wahlkreises die Kostenspirale scheinbar unaufhaltsam steigen (HIROSE 1989: 28).

Der oben genannte Konkurrenzdruck im Wahlkreis kam nicht nur durch Kandidaten anderer Parteien zustande. Das Unterhauswahlsystem war dergestalt, dass auch Politiker ein- und derselben Partei in einem Wahlkreis gegeneinander antraten (KÖLLNER 2000: 149). Das japanische System der nicht übertragbaren Einzelstimmgebung in Mehrerwahlkreisen (*single non transferable vote*; SNTV)[35] - in der japanischen Literatur meistens als „*chû senkyo ku sei*" („System mittelgroßer Wahlkreise") bezeichnet - wurde 1947 eingeführt. Waren es damals noch 466 Unterhausmandate und 117 Wahlkreise, so stieg die Anzahl der Mandate bis 1992 auf 511, die in 129 Wahlkreisen vergeben wurden (YASUDA/TAKADA 2000: 6).

Die genannten Zahlen verdeutlichen, dass eine Partei, wollte sie die absolute Mehrheit im Unterhaus sichern, mehr als einen Kandidaten pro Wahlkreis aufstellen musste. Letztlich verfügte nur die LDP über die nötige Kapazität und provozierte somit Wahlkampf

---

resutoran – Fukuda ryôriya) bezeichnete (HAYANO Tôru, Asahi-Journalist, am 05.07.2000 im Interview).

[34] Die Parlamentarier reisten, nachdem sie ihre Arbeit in Tôkyô am Freitag beendet hatten, in ihre Heimatwahlkreise, um dort den direkten Kontakt zu ihren Wählern zu pflegen (KLEIN 1998: 89).

[35] Die ausführliche Erklärung des Wahlsystems würde den Rahmen dieser Arbeit sprengen, daher sei hier auf die Literatur verwiesen: CURTIS 1988: 10, KLEIN 1998: 46-58, YASUDA/TAKADA 2000: 4-33.

unter Parteikollegen (*dôshi uchi*). Da aus diesem Grund zur Wählerwerbung kein Wahlkampf mit Parteiprogrammen möglich war, blieb nur die auf die Kandidaten persönlich bezogene Stimmenwerbung (KLEIN 1998: 92-93). Das erklärt die Umwerbung der potenziellen Wähler in der oben beschriebenen Art und Weise und die dafür notwendigen hohen Ausgaben.

Der Zusammenhang zwischen dem Wahlsystem und der Finanzierung politischer Aktivitäten wurde durch den LDP-Entwurf „Grundsatzprogramm für politische Reformen" (*seiji kaikaku taikô*) von 1989 verdeutlicht, der nach Bekanntwerden des Recruit-Falles erarbeitet wurde. Darin hieß es:

In der Problematik von Politik und Geld liegt die größte Ursache für das Misstrauen in die Politik. Aus der Überzeugung heraus, dass politische Ethik auf persönlichem Verantwortungsbewusstsein beruhen sollte, haben wir bisher grundsätzlich die Einstellung verfolgt, dass sich jeder selbst streng zu kontrollieren habe. Aber wir mussten zu unserem Bedauern feststellen, dass aufgrund der Mechanismen in der Politik, die uns dazu zwingen, große Summen zur Finanzierung der Aktivitäten zu beschaffen, und insbesondere aufgrund des Wahlsystems die Selbstkontrolle alleine nicht ausreichend ist. Aus diesem Grunde sehen wir die Ursache für viele Probleme in den Nachteilen des jetzigen Wahlsystems [mittelgroßer Wahlkreise], und wir werden es deswegen konsequent überdenken. [...] In besagtem Wahlsystem gibt es die Tendenz einer personenorientierten und weniger parteienorientierten Wahl. [...] Es fördert die Tendenz, den Schwerpunkt der täglichen politischen Aktivitäten sowie des Wahlkampfes außerhalb politischer Maßnahmen zu legen, und ist aufgrund der vorteilsuchenden Politik, der Pflege der Unterstützungsorganisationen sowie der übermäßigen Leistungen an Machtinhaber zur Ursache für kostenintensive Wahlen geworden.

(ASAHI SHIMBUN 20.05.1989: 4)

Der Verfassungsrechtler Mori Hideki (in UEMURA 1994: 249) übte sehr scharfe Kritik an dieser Erklärung und warf der LDP vor, die Problematik der Wahlkampfpraktiken ausschließlich auf das Wahlsystem zu schieben und dabei zu vergessen, dass in anderen Parteien, die ebenfalls mehrere Kandidaten in einem Wahlkreis aufstellten, die „Service-Schlachten" (*sâbisu gassen*) um Wählerstimmen nicht aufträten. Auch HIROSE (1989: 36-37) unterstreicht, dass die LDP „eine Versammlung von Parlamentariern bzw. von persönlichen Unterstützungsgruppen der Kandidaten" sei und dass die Partei „nur auf dem Papier" existiere. Das meiste Geld, das die Politiker ausgäben, würde für die *kôenkai* verwendet werden, damit diese gestärkt würden und als Wahlmaschinen fungieren könnten.

In der Tat hatte die Revision des Finanzregulierungsgesetzes von 1976 dazu geführt, dass die Faktionen innerhalb der LDP nicht mehr als Hauptempfänger der Spenden aus Unternehmerkreisen wirken und diese somit nicht, wie bis dahin üblich, an „ihre" Politiker weiterleiten konnten, „and it created new […] incentives for individual politicians to raise a large part of their political funds on their own" (CURTIS 1988: 84).

Gleichzeitig wurde die Wahl des LDP-Vorsitzenden für alle Parteimitglieder geöffnet[36]. Dies bedeutete, dass diejenige Faktion, die über die größte Anzahl an „Parteifreunden"[37] verfügte, die Macht innerhalb der Partei erlangen konnte. Viele Politiker bezahlten in jener Zeit die Beiträge für neue Mitglieder aus eigener Tasche oder erfanden neue Parteifreunde, nur um die eigene Faktion zu stärken. Beides führte dazu, dass Politiker unter noch größeren Druck gerieten, für Finanzmittel zu sorgen (IWAI 1990: 232-233).

---

[36] Seit Mitte der 1970er Jahre war es in der LDP üblich, dass die stärksten Faktionen die Vergabe der wichtigsten Posten in der Partei, wozu auch der Parteivorsitz gehörte, unter sich aushandelten (CURTIS 1988: 86-87).

[37] Ein „Parteifreund" gilt als nicht so stark mit der Partei verbunden wie ein offizielles Mitglied.

2.3. Problematik der herkömmlichen Finanzierung politischer Aktivitäten

In Anbetracht des großen Finanzbedarfs japanischer Politiker einerseits, und der zahlreichen gesetzlichen Maßnahmen, die Beschaffung von Finanzmitteln zu erschweren, andererseits, überrascht es nicht, dass es viele Fälle von „Kapitalbildung auf Gefängnismauern" (MATSUMOTO et al. 1999: 119) gab. Die nachfolgenden Seiten beleuchten einige Aspekte der Beschaffungspraxis und stellen vor allem die problematischen Aspekte der Unternehmensspenden dar.

2.3.1. Der Recruit-Fall

Die Reaktion der Öffentlichkeit und der Medien auf den sogenannten Recruit-Fall war wesentlich heftiger als bei zahlreichen anderen Korruptionsfällen zuvor. Es setzte eine „längeranhaltende Protestbewegung" ein, „die zum Verlust der Oberhausmehrheit der LDP im Juli 1989 beitrug" (BLECHINGER 1998:16) und somit die Jahrzehnte währende Ein-Parteien-Dominanz der LDP durchbrach.

Das Unternehmen Recruit war ursprünglich ein Verlag für Magazine mit Stellenanzeigen für Universitätsabsolventen. Die 1960 von Ezoe Hiromasa gegründete Firma wuchs mit den Jahren zu einem Konzern mit insgesamt 28 Unternehmen heran und hatte bis zur Mitte der 1980er Jahre ihre Tätigkeit bis hin zur Immobilien- und Telekommunikationsbranche ausgeweitet (BLECHINGER 1998: 65). Im Juni 1988 wurde in den Medien berichtet, der Stadtdirektor von Kawasaki, Komatsu Hidehiro, habe 1984 und 1986 insgesamt 30.000 zu jenem Zeitpunkt noch nicht notierte Wertpapiere der Immobiliengesellschaft der Recruit-Gruppe, Recruit Cosmos, erworben und mit einem Kredit der Finanzierungsgesellschaft des Konzerns, First Finance Co., bezahlt. Als Recruit Cosmos 1986 an die Börse ging, stieg der Kurs der Aktien wie erwartet, so dass Komatsu die Wertpapiere mit hohen

Gewinnen[38] verkaufen, seinen Kredit zurückzahlen und einen erheblichen Gewinn verbuchen konnte. Im Gegenzug, so ergaben spätere Untersuchungen der Staatsanwaltschaft, habe der Recruit-Konzern 1984 Vergünstigungen beim Bau eines Bürogebäudes in der Nähe des Bahnhofs von Kawasaki erhalten (KLEIN 1998: 119). Außerdem sei dem Konzern eine Beteiligung an einem Stadtentwicklungsprojekt in Aussicht gestellt worden, dessen verantwortlicher Leiter der Stadtdirektor selbst war (CURTIS 1999: 74). Dieser legte nach Bekanntwerden dieser Affäre sein Amt nieder.

Die *Asahi Shimbun* erhielt danach allerdings Informationen, denen zufolge noch weitere führende Politiker und einflussreiche Vertreter aus Industrie und Verwaltung an den Insider-Transaktionen um Recruit Cosmos beteiligt waren (KLEIN 1998: 119). „The Kawasaki story turned out to be the proverbial tip of a corruption iceberg" (CURTIS 1999: 74). Es stellte sich heraus, dass neben Mitarbeitern der 1985 privatisierten Telekommunikationsgesellschaft Nippon Telegraph and Telephone Co. (NTT) und hochrangigen Beamten aus dem Kultus- und Arbeitsministerium, LDP-Politiker wie der damalige Premierminister Takeshita Noboru, der ehemalige Premierminister Nakasone Yasuhiro, der Finanzminister Miyazawa Kiichi und der Generalsekretär der LDP Abe Shintarô, sowie Politiker der Oppositionsparteien und sogar Journalisten, darunter auch der Präsident der Tageszeitung *Nihon Keizai Shimbun*, das Angebot von Ezoe angenommen hatten, die Recruit-Wertpapiere vor Börseneinführung zu erwerben (BLECHINGER 1998: 67-68, CURTIS 1999: 74). Bis 1998 waren Namen von 76 beteiligten Politikern, Beamten und Journalisten öffentlich bekannt, aber die Liste der Aktienkäufer ist damit nicht vollständig (KLEIN 1998: 120).

Wäre es nur um die Insider-Geschäfte gegangen, wären diese nach damaliger Gesetzeslage nicht strafrechtlich verfolgbar gewe-

---

[38] Eine Aktie der Recruit Cosmos wurde 1984 für 1.200 Yen angeboten. Bei Börsennotierung im Oktober 1986 betrug der Stückwert über 5.000 Yen und schnellte in Kürze auf über 7.000 Yen (SHIRATORI 1995: 219).

sen[39]. Aber Recruit-Chef Ezoe, der in Wirtschaftskreisen als „outsider" (CURTIS 1999: 74) galt, erkaufte sich dadurch offensichtlich einen höheren Status. Der eigentliche Skandal war der, dass er versuchte, Einfluss auf Entscheidungen in Regierungs- und Verwaltungskreisen zu nehmen. Es gelang ihm beispielsweise, als Außergewöhnliches Mitglied in den Untersuchungsausschuss der Regierung zum Steuersystem (*seifu zeisei chôsakai*) oder in die beratenden Kommissionen für Erziehungs- und Universitätsfragen des Kultusministeriums (*kyôiku katei shingikai* und *daigaku shingikai*) einberufen zu werden (SHIRATORI 1995: 220).

Als Herausgeber von Zeitschriften für Universitätsabsolventen zur Stellensuche konnte er auf diese Weise für sein Geschäft wichtige politische Entscheidungen direkt beeinflussen. Es wurde unter anderem bewiesen, dass er eine geplante, behördliche Kontrolle von Herausgebern solcher Magazine verhindern konnte (BLECHINGER 1998: 68). Auch in seinen anderen Tätigkeitsfeldern konnten Ezoe gezielte Bestechungsdelikte nachgewiesen werden. Der ursprünglich staatlichen NTT, deren Vorstandsvorsitzender 10.000 Anteile von Recruit Cosmos zu niedrigen Werten erworben hatte, finanzierte Recruit zwei Großrechner, um als Gegenleistung digitale Telefonleitungen zu günstigen Konditionen zur Verfügung gestellt zu bekommen. Recruit konnte diese wiederum weitervermieten und das Geschäft mit der Bereitstellung von Rechnerzeiten starten (BLECHINGER 1998: 71).

Im Zuge der Ermittlungen wurde bekannt, dass NTT als Spendenbeschaffer für die LDP, insbesondere für die Nakasone-Faktion, diente. Um bei der Privatisierung der Telekommunikationsgesellschaft, die unter Premierminister Nakasone 1985 vollzogen wurde, zu verhindern, dass sie in kleinere Unternehmen aufgespalten wird, sorgte der Vorstandsvorsitzende von NTT dafür, dass ein Spendenfonds für Abgeordnete, die der NTT nahe stan-

---

[39] Solche Transaktionen waren erlaubt, und Premierminister Takeshita entgegnete auf die Befragung durch die Vorsitzende der SPJ Doi Takako, dass es beim Börsengang eines Unternehmens üblich sei, die Zahl der Aktionäre auf diese Weise zu erweitern (SHIRATORI 1995: 220).

den, eingerichtet wurde (BLECHINGER 1998: 70-71). Nakasone und seine Faktion hatten nicht nur durch NTT profitiert, er selbst gab später zu, dass er vom Recruit-Konzern insgesamt 110 Millionen Yen an Spenden erhalten hatte. Dies nährte den Verdacht, dass Nakasone selbst als Vermittler zwischen den Geschäften von NTT und Recruit agiert habe. Da aber Nakasone niemals persönlich an den Transaktionen beteiligt war, sondern seine Sekretäre alles abgewickelt hatten, konnte ihm kein Gesetzesverstoß nachgewiesen werden. In anderen Fällen führte der Skandal zwar zu Rücktritten von Amtsinhabern. Eine aktive oder passive Bestechung konnte jedoch nur in wenigen Fällen bewiesen werden, da die meisten sich ihrer Sekretäre oder Familienmitglieder bedient hatten, um die Aktiengeschäfte zu tätigen (BLECHINGER 1998: 72-74, KLEIN 1998: 121).

Der prominenteste Politiker, der sich unter dem Druck dieser Affäre von seinem öffentlichen Amt zurückziehen musste, war Premierminister Takeshita. Nachdem er im April 1989 vor dem Unterhaus zugegeben hatte, dass er insgesamt Gelder in Höhe von 151 Millionen Yen[40] vom Recruit-Konzern erhalten hatte, sank die öffentliche Zustimmung für sein Kabinett - auch aufgrund anderer unpopulärer Maßnahmen wie die Einführung einer Verbrauchssteuer von 3% - so stark, dass er sich gezwungen sah zurückzutreten (CURTIS 1999: 75-76).

Im Gegensatz zu den vorangegangenen Bestechungsskandalen flossen die Finanzmittel der Firma Recruit an Politiker fast aller Parteien sowie aller großen Faktionen und darüber hinaus an Vertreter anderer Berufs- und Gesellschaftsgruppen. Dies machte die Hintergründe undurchschaubarer als in anderen Fällen. Das Ergebnis der Ermittlungen, an deren Ende nur wenige Verdächtige verurteilt werden konnten, unterstreicht dies.

---

[40] Kurz nach der Anhörung im Unterhaus schrieb die *Asahi Shimbun*, dass Takeshita weitere 50 Millionen Yen, die er über seinen Sekretär von Recruit erhalten hatte, verheimlicht habe. Einen Tag nach dem Rücktritt Takeshitas beging der betreffende Sekretär Selbstmord (CURTIS 1999: 76).

Vor allem aber wurde deutlich, dass das damals geltende GRPG weiterhin Lücken aufwies. Zwar waren Spenden an eine Faktion oder einen Politiker auf 1,5 Millionen Yen beschränkt, aber es war freigestellt, wie viele Unterstützungsorganisationen von einem Politiker gebildet werden. Wenn sich eine Unterstützungsorganisation nicht explizit einem Politiker zuordnen ließ, war es auch möglich, den Fluss der Gelder von der Herkunft bis zum Adressaten zu verwischen (HIROSE 1989: 150-151).

Durch den Recruit-Fall wurde zudem deutlich, dass die Fundraising-Partys benutzt wurden, um die Spendenobergrenzen zu umgehen. Recruit hatte allein von der Takeshita-Faktion Fundraising-Tickets im Wert von 80 Millionen Yen gekauft (CURTIS 1999: 76). Die Tatsache, dass in den meisten Fällen nur die Sekretäre der Politiker strafrechtlich belangt werden konnten, zeigte, dass ein strengeres System der Mithaftung (*renzasei*) notwendig war (HIROSE 1989: 158-162). Die Revision des GRPG oder des Wahlgesetzes für öffentliche Ämter führte also höchstens zur Beseitigung von „Symptomen", kurierte aber nicht den „Krankheitsherd" (IWAI 1990: 2-3).

2.3.2. Unternehmensspenden in der Diskussion

Spenden an Politiker oder politische Parteien sind als Ausdrucksform des verfassungsmäßigen Partizipationsrechts eines jeden Bürgers einzustufen (OGURI 1994: 179). Die Frage aber, ob auch *juristische* Personen wie Verbände oder Wirtschaftsunternehmen dieses Recht für sich in Anspruch nehmen können, ist heftig umstritten, schließlich stehen ihnen wesentlich größere Beträge zur Verfügung und ihre Interessen scheinen auch deshalb bei politischen Entscheidungsträgern auf größeres Gehör zu treffen. Der Fall Recruit war ein Beispiel dafür, wie ein großes Unternehmen Spenden gezielt eingesetzt hatte, um politische Entscheidungen zu beeinflussen. Auch wenn man von den nicht deklarierten Schwarzgeldern einmal absieht, stellt sich die Frage, ob solche Zahlungen gleichgesetzt werden können mit freiwilligen Spenden „normaler" Bürger, wie sie im GRPG definiert sind.

Erste Forderungen nach einem Verbot von Unternehmensspenden waren bereits nach den ersten Korruptionsskandalen der
Nachkriegszeit aufgekommen. Aber Unternehmensspenden wurden lediglich mit einer Obergrenze versehen[41] (OGURI 1994: 181-
182). Der Oberste Gerichtshof stellte in seinem Urteil vom 24.
Juni 1970 fest, dass ein Unternehmen aufgrund seiner Rolle in der
Gesellschaft genauso wie eine natürliche Person die Freiheit habe,
politische Maßnahmen des Staates oder einer Partei zu unterstützen und zu fördern (UZAKI 1994: 164-165).

In den 1970er Jahren galten Unternehmensspenden auch als
Mittel gegen kommunistische Einflüsse und für den Erhalt der
freien Marktwirtschaft (OGURI 1994: 182). Die Kritik daran führte, wie in Kapitel 2.1.2 dargelegt, schließlich zu den Reformen von
Premierminister Miki und zur erstmaligen Beschränkung der
Spenden. 1989 wurde in den Finanzberichten der Parteien veröffentlicht, dass die LDP über die Hälfte ihrer Einnahmen aus kor-
porativen Spenden bestritt (OGURI 1994: 183). Die SPJ, die PSP
und die KPJ nahmen offiziell keine Unternehmensspenden an
(SASAGO et al. 1990: 25).

Je nach Höhe der Beträge sind die Spenden von Verbänden,
Gewerkschaften oder anderen Interessensgruppen ebenfalls einer
kritischen Betrachtung zu unterziehen wie Unternehmensspenden.
Die Wirtschaft bediente sich bei ihren Spenden einerseits der legalen Wege über die Spenden des Wirtschaftdachverbandes *Keidanren*
an die Spendensammelorganisationen der Parteien bzw. Politiker
und über die Eintrittskarten der Fundraising-Partys, aber auch der
fragwürdigen Kanäle über Aktien und ähnlichem, wie es der Recruit-Fall demonstrierte. Zahlreiche Unternehmen zeigten sich auf
diese Weise „erkenntlich für das allgemeine unternehmerfreundli-
che Klima", das die LDP geschaffen hatte und erhielt (KÖLLNER
2000: 149).

---

[41] Vgl. Kapitel 2.1.2.

3. Einführung der staatlichen Parteienfinanzierung

Bisher wurden die Umstände dargestellt, die Ende der 1980er Jahre die Reformbestrebungen in Japan auslösten. Im Folgenden soll es darum gehen, die konkrete Entstehung der Reformgesetze zu rekapitulieren, die genaue gesetzliche Ausgestaltung darzustellen und die Diskussion über Für und Wider einer solchen Parteiensubventionierung zu beleuchten. Dabei wird deutlich werden, dass es nur aufgrund der Entfernung der LDP von den Machtpositionen des Staates zu einer derartig umfassenden Reform kommen konnte[42].

3.1. Die staatliche Parteienfinanzierung in den politischen Reformen

3.1.1. Der Reformprozess

Als Reaktion auf den Recruit-Fall gründete die LDP bereits im Januar 1989 eine Kommission für politische Reformen. Unmittelbar darauf ließ Premierminister Takeshita auf eigene Initiative einen Ausschuss gründen, der sich ebenfalls mit möglichen politischen Reformen befassen sollte. Die anderen Parteien arbeiteten an eigenen Reformkonzepten und veröffentlichten diese im Frühjahr 1989. Drastische Veränderungen forderte die PSP, die für ein generelles Verbot von Unternehmensspenden und Spenden anderer juristischer Personen[43] eintrat. Die Demokratisch-Sozialistische

---

[42] „Die LDP wollte keine drastischen Reformen. Solange nur darüber diskutiert wurde und Gesetzesentwürfe formuliert wurden, war es in Ordnung. Aber sobald diese Entwürfe im Parlament vorgelegt werden sollten, wurden die Gegenstimmen wieder lauter. Zweimal sind auf diese Weise Reformgesetze gescheitert. Wegen der LDP." (18.07.2000 Interview mit dem Mitbegründer und Vorsitzenden der NVP, TAKEMURA Masayoshi)

[43] Gemeint sind damit insbesondere die Gewerkschaften und wirtschaftlichen Interessensverbände.

Partei (*Minshatô*; DSP) war allerdings die einzige Partei, die sich schon zu dieser Zeit für die Einführung einer öffentlichen Förderung von politischen Parteien einsetzte. Im April legte auch der Takeshita-Ausschuss einen Vorschlag vor, der hauptsächlich Verbesserungen der Transparenz und Verschärfungen in der Regulierung der Finanzen von Politikern vorsah, aber auch lang- und mittelfristige Entwürfe für eine umfassende Reform enthielt. Ausführlicher war das bereits erwähnte „Grundsatzprogramm für politische Reformen" (*seiji kaikaku taikô*), das die LDP im Mai 1989 verabschiedete. Es enthielt neue Regelungen zur Veröffentlichung von Einnahmen und Ausgaben, Einschränkungen der Ausgaben - wie z.B. durch die Begrenzung der Werbekosten oder der Geschenke zu Feierlichkeiten - und schärfere Maßnahmen zur Regulierung der Einnahmen. Erstmalig war hier auch bei der LDP von der Möglichkeit der staatlichen Parteienförderung zu lesen (SASAKI 1999: 472-473).

Takeshita hatte zu diesem Zeitpunkt bereits seinen Rücktritt angekündigt, doch die Suche nach einem unbelasteten Nachfolger aus den Reihen der LDP erwies sich als äußerst schwierig. Man einigte sich auf den vermeintlich skandalfreien damaligen Außenminister Uno Sôsuke. Aber Berichte um pikante Details aus seinem Privatleben[44] verärgerten „vor allem die Wählerinnen und ließen die öffentliche Wut über Korruption und Dekadenz in der LDP erneut aufbrechen" (BLECHINGER 1998: 271). Im Zuge dessen erfuhr die SPJ mit ihrer Vorsitzenden Doi Takako einen Popularitätsaufschwung, weil sie politisch unerfahrene, aber gerade aus diesem Grund glaubwürdige Frauen in der Kommunalpolitik präsentierte und dadurch Bürgernähe demonstrierte. Die SPJ nutzte diesen „Madonna-Boom" (*madonna bûmu*) und ließ diese Politikerinnen für die Oberhauswahl 1989 kandidieren (BLECHINGER 1998: 271). Dies und die mangelnde Bereitschaft, wirkliche Kon-

---

[44] Uno unterhielt über mehrere Jahre hinweg ein außereheliches Verhältnis mit einer ehemaligen Geisha. Als er sich von ihr trennte, zahlte er dieser in einer „shoddy and stingy " (CURTIS 1999: 83) Weise ein Abfindungsgeld. Die verärgerte Geliebte verkaufte anschließend ihre Geschichte an die Boulevardpresse.

sequenzen aus dem Recruit-Fall zu ziehen, waren wichtige Gründe dafür, dass die LDP bei den Oberhauswahlen im Juli 1989 ihre absolute Mehrheit verlor und Uno seinen Posten als Premierminister nach einer Amtszeit von nur zwei Monaten aufgeben musste.

Daraufhin begannen unter den Faktionen der LDP wieder Rangeleien um die Nachfolge des Parteivorsitzenden und Premierministers. Die mächtige Takeshita-Faktion hob daraufhin in Ermangelung eines eigenen Kandidaten und zur Bewahrung ihrer Einflussmöglichkeiten Kaifu Toshiki, den ehemaligen stellvertretenden Kabinettsekretär der Miki-Regierung und Mitglied der kleineren Kômoto-Faktion, auf diesen Posten. Kaifu wurde im August 1989 mit 58 Jahren zum damals jüngsten Premierminister der Nachkriegszeit gekürt (KLEIN 1998: 116). Er galt innerhalb der LDP als Reformer und war einer der wenigen im Hinblick auf Recruit unbelasteten Kandidaten. Er konnte somit die Sympathien der Öffentlichkeit auf sich ziehen. Der Erfolg der LDP bei den Unterhauswahlen im Februar 1990[45] bestätigte den Reformkurs Kaifus. Aber dieser Erfolg war auch darauf zurückzuführen, dass die Öffentlichkeit den Ärger über den Recruit-Fall und die 1989 eingeführte Verbrauchssteuer einstweilig verdrängt und die LDP hohe Summen in den Wahlkampf investiert hatte[46] (BLECHINGER 1998: 274-276).

---

[45] Die LDP konnte bei den Unterhauswahlen am 18. Februar 1990 trotz der Ereignisse im Vorjahr immerhin 46,1% der Stimmen erringen (BLECHINGER 1998: 276).

[46] Dies wird auch durch die Einnahmen- und Ausgabenübersicht der Parteien (Abb.1/Abb.2) bestätigt. Denn die Einnahmen der Parteien von 1990 gehören mit 184,5 Milliarden Yen zu den dritthöchsten, und die Ausgaben desselben Jahres sind mit 187,8 Milliarden Yen sogar die höchsten in den vergangenen 30 Jahren. Angesichts der zu dieser Zeit tobenden Reformdiskussionen um die Einnahmen und Ausgaben von Politikern und Parteien erscheint dies fast grotesk.

Die Kaifu-Regierung versuchte, ihre Hauptziele (Reformen des Wahlsystems sowie des Systems der Politikfinanzierung) voranzubringen und legte trotz der Widerstände aus den eigenen Reihen[47] am 5. August 1991 im Unterhaus drei Gesetzesentwürfe vor. Sie enthielten unter anderem die Reduzierung der Unterhausmandate von 512 auf 471, von denen 300 als Direktmandate über das Mehrheitswahlprinzip und 171 über eine Parteiliste und Verhältniswahlprinzip vergeben werden sollten. Zur Politikfinanzierung sahen sie beispielsweise die zahlenmäßige Beschränkung der Spendensammelorganisationen (*shikin chôtatsu dantai*) auf zwei, eine Regulierung der Fundraising-Partys und neue Kriterien zur Veröffentlichung von Spendernamen und Käufern von Eintrittskarten zu den Fundraising-Partys vor (SASAKI 1999: 474).

Es waren wiederum die Widerstände aus der LDP, die für Verzögerung im Unterhaus sorgten. Die Auflösung des Parlaments und Neuwahlen erschienen Premierminister Kaifu als einzige Lösung, um den Rückhalt der Wähler zu erhalten und damit seine Position in der Partei zu stärken. Jedoch entzog die Takeshita-Faktion ihm nach tagelangem Zaudern jede weitere Unterstützung, so dass Kaifu im Oktober 1991 von seinem Amt als Premierminister und Parteivorsitzender der LDP zurücktreten musste (KLEIN 1998: 117).

Sein Nachfolger wurde Miyazawa Kiichi, der nun die Takeshita-Faktion auf seiner Seite hatte. Mit seiner Blockadepolitik gegen Kaifus Reformpläne gehörte er zu jenen, die als reformfeindlich galten. Aber er nutzte die Reformdebatte dazu, um zu mehr Macht in der Partei zu gelangen (CURTIS 1999: 78). „Mit dem Beginn seiner eigenen Amtszeit schrieb er sich [...] ebenfalls politische Reformen auf die Fahnen und unterstützte zum Teil die Vorschläge, die er bei Kaifu abgelehnt hatte." (KLEIN 1998: 118) Während

---

[47] Die sogenannten „3 M" der LDP, Miyazawa Kiichi, Mitsuzuka Hiroshi und Watanabe Michio, fürchteten um den Machtverlust ihrer eigenen Faktionen, strebten zudem selbst das höchste Amt der Partei an und wollten deswegen einen weiteren Erfolg Kaifus verhindern (KLEIN 1998: 116-117, BLECHINGER 1998: 277-278).

seiner Regierungszeit kam es zu parteiübergreifenden Konsultationen über politische Reformen mit den fünf Parteien LDP, SPJ, PSP, DSP und KPJ.

Diese Beratungen waren bereits zu Zeiten Kaifus mit dem Ziel vereinbart worden, eine Einigung bezüglich politischer Reformen zu erreichen. Bis auf die KPJ stimmten die beteiligten Parteien im November 1992 einem 21 Punkte umfassenden Beschluss zur Reform des Wahlgesetzes für öffentliche Ämter sowie des GRPG zu. Darin waren unter anderem das Verbot von Spenden an einzelne Politiker, die Verschärfung der Sanktionen bei Verstößen gegen das GRPG oder die Bestimmungen zu den Fundraising-Partys sowie eine Angleichung der Wahlkreisgrößen enthalten. Am 1. Dezember 1992 wurden die entsprechenden Gesetzesentwürfe dem Parlament vorgelegt, die am 3. Dezember das Unterhaus und sieben Tage später, am 10. Dezember 1992, das Oberhaus passierten. So kam es zur Verabschiedung der sogenannten „Dringlichkeitsreform" (*kinkyû kaikaku*) (SASAKI 1999: 477-478). In Bezug auf die Politikfinanzierung war vor allem die Begrenzung des Kaufs von Spendenpartytickets auf 1,5 Millionen Yen pro Party und die Veröffentlichung von Großabnehmern solcher Tickets ab einem Betrag von einer Millionen Yen von Bedeutung (SASAKI 1999: 479).

Dass diese Reformgesetze zustande kamen, war sicherlich nicht auf den Reformeifer von Premierminister Miyazawa zurückzuführen. Die Entwürfe, die er präsentierte, waren überarbeitete, gemäßigte Versionen der Kaifu-Reformpläne (KLEIN 1998: 125-126). Die kleine Reform von 1992 ließ wieder zahlreiche Schlupflöcher offen. Es waren zwar Regulierungen der Fundraising-Partys verabschiedet worden, aber der Kauf von Tickets galt offiziell als „Zahlung eines Entgelts" (*taika no shiharai*) und wurde demnach nicht als Spende gezählt. Auch die geltenden Spendenobergrenzen waren ohne Bedeutung, da die Anzahl der Spendensammelorganisationen auch 1992 nicht beschränkt wurde.

Es war das zwischenzeitliche Bekanntwerden neuer Bestechungsfälle in der LDP, das eine Veränderung der Situation hervorrief. Die Verdächtigungen des ersten Falles, des sogenannten „Kyôwa-Fall"[48] im November 1991, betrafen unmittelbar die Miyazawa-Faktion. Dies reichte aber noch nicht aus, um die Regierung zu einem sofortigen Handeln zu bewegen. Erst der „Sagawa-Kyûbin-Fall", der in finanzieller Hinsicht den Recruit-Fall übertraf (BLECHINGER 1998: 321), ließ zum einen die Empörung der Bevölkerung wieder aufleben und verstärkte zum anderen die Destabilisierung innerhalb der LDP. Im August 1992 deckte die *Asahi Shimbun* auf, dass das Transportunternehmen *Sagawa Kyûbin* insgesamt 2,3 Milliarden Yen an zehn Abgeordnete gezahlt hatte. Von diesem Betrag waren allein 500 Millionen Yen an den damaligen stellvertretenden Vorsitzenden der LDP und Vorsitzenden der Takeshita-Faktion Kanemaru Shin geflossen, der somit die gesetzlich festgesetzte jährliche Spendenobergrenze von 1,5 Millionen Yen um ein Vielfaches überschritten hatte (KLEIN 1998: 127).

Kanemaru wurde zu einer Geldstrafe von 200.000 Yen verurteilt und trat vorläufig nur von seinem Amt im Parteivorstand zurück. Sein Unterhausmandat und seine Stellung als Faktionschef wollte er zunächst nicht aufgeben. Im Laufe der Ermittlungen wurde jedoch bekannt, dass Kanemaru sowohl Verbindungen zur organisierten Kriminalität als auch zu rechtsradikalen Gruppierungen hatte[49]. Dies und die verhältnismäßig niedrige Strafe für Kanemarus Bestechlichkeit führten dazu, dass „the public outrage

---

[48] Der Generalsekretär der Miyazawa-Faktion und Leiter des Entwicklungsamts für Hokkaidô und Okinawa, Abe Fumio, musste wegen der Vorwürfe, er habe vom Stahlgerüsthersteller *Kyôwa* 80 Millionen Yen erhalten und diesem im Gegenzug staatliche Bauprojekte vergeben, zurücktreten (BLECHINGER 1998: 310-313).

[49] Eine rechtsradikale Organisation versuchte, die Wahl des LDP-Vorsitzenden im Jahr 1987 zu stören, indem sie ihre mit Lautsprechern bestückten Busse durch das Regierungsviertel fahren und immer wieder ausrufen ließ: „Wir sollten den geschickten Geldmacher Takeshita zum LDP-Vorsitzenden machen!" Mit dieser Taktik des „*homegoroshi*" („zu Tode loben") versuchten sie, das Ansehen Takeshitas zu beschädigen und seine Wahl zu unterminieren. Kanemaru nahm über den Firmenchef von *Sagawa Kyûbin* Kontakt mit einer der größten kriminellen Organisationen auf und ließ diese für die Einstellung der lautstarken Störungen sorgen (CURTIS 1999: 87, KLEIN 1998: 127).

over political corruption was reignited" und „intensified even more the demands for fundamental political reform" (CURTIS 1999: 86). Kanemaru legte schließlich auch seine übrigen Ämter nieder und zog sich in seine Heimat Yamanashi zurück. Der lange Jahre in der Partei als „Boss der Bosse" geltende Kanemaru[50] hinterließ ein Machtvakuum. Der Kampf um seine Nachfolge spaltete erst die Takeshita-Faktion, dann die LDP.

Auf der einen Seite dieses Kampfes stand Ozawa Ichirô, ein Politiker aus der Schule Kanemarus und Takeshitas. Ozawas politische Stellung war kontrovers, da er einerseits für eine radikale politische Reform eintrat, andererseits aber unpopuläre Maßnahmen wie die Erhöhung der Verbrauchssteuer oder eine aktivere Außenpolitik befürwortete. Es heißt außerdem, dass er es ebenso gut wie sein politischer Mentor Kanemaru verstanden habe, Gelder zu sammeln[51] und das politische Geschehen aus dem Hintergrund zu lenken (HONZAWA 1995: 54-60). Ozawa wollte Hata Tsutomu, den Finanzminister der Miyazawa-Regierung, auf dem Platz sehen, den Kanemaru verlassen hatte. Auch Hata stand für politische Reformen, galt in den Augen der Bevölkerung als unbelastet und hatte selbst Ambitionen auf das Amt des Premierministers.

Ozawas Gegner auf der anderen Seite waren Takeshita und der LDP-Generalsekretär Kajiyama Seiroku, die Obuchi Keizô als Faktionsführer favorisierten. Obuchi war ein Vertrauter Takeshitas und hatte somit dessen Unterstützung. Takeshita versuchte, Hata

---

[50] Kanemaru war in seiner Karriere Transportminister und Bauminister. Er galt jedoch als Politiker, der es vorzog, aus dem Hintergrund die Politik zu lenken. Man nannte ihn in Anlehnung an den Mafiaboss Don Correlone schlicht „Don" (CURTIS 1999: 86).

[51] 1980 gründete Kanemaru die politische Organisation „Japanisches Zentrum für Strategieforschung" (*Nihon Senryaku Kenkyû Sentâ*). Vordergründiges Ziel dieser Organisation war es, außen-, sicherheits- und verteidigungspolitische Strategien für das Parlament zu entwickeln. Sie legte allerdings nie irgendwelche Vorschläge im Parlament vor. Offensichtlich fungierte auch diese Organisation als ein „Spendensammelautomat" im Bereich der Rüstungsindustrie. Nach Kanemarus Rückzug aus der Politik übernahm Ozawa die Leitung dieser Organisation (HONZAWA 1995: 57-60).

auf seine Seite zu ziehen, indem er die Nachfolge von Obuchi im Tausch gegen die vorläufige Unterstützung seines Favoriten anbot. Hata entschied sich jedoch dazu, sich mit Ozawa zu verbünden. Nachdem Obuchi im Oktober 1992 als neuer Chef der von diesem Zeitpunkt an als Obuchi-Faktion bezeichneten früheren Takeshita-Faktion bestimmt worden war, traten 36 Parlamentsabgeordnete aus dieser Faktion aus. Sie schlossen sich Ozawa und Hata an und gründeten die Hata-Faktion. Dieser Bruch innerhalb der ehemaligen Takeshita-Faktion führte nur wenig später zum Bruch der LDP (CURTIS 1999: 90-91).

Der Fall Kanemaru war allerdings noch nicht beendet. Im März 1993 wurden er und sein Sekretär aufgrund des Verdachts der Steuerhinterziehung verhaftet[52]. Bei der Durchsuchung seines Büros und seines Privathauses stießen die Fahnder auf Bargeld, Wertpapiere und Goldbarren im Wert von mehr als 4,5 Milliarden Yen (CURTIS 1999: 92). Darüber hinaus wurden dabei Unterlagen beschlagnahmt, die zur Aufdeckung eines weiteren Korruptionsskandals um Kanemaru führten. Bei dem sogenannten „*zenekon*-Bestechungsfall" (Abkürzung für „general contractor"; *zeneraru kontorakutâ*) wurde bekannt, dass Kanemaru und weitere Politiker von der Bauindustrie Bestechungsgelder entgegengenommen hatten. Im Gegenzug hatten sie an die großen Generalunternehmen öffentliche Bauprojekte vergeben, die diese wiederum an Subunternehmen weitergaben (BLECHINGER 1998: 329).

Der daraufhin einsetzende Aufruhr in Medien und Öffentlichkeit führte diesmal zu einer im Parlament durch Premierminister Miyazawa vorgetragenen Entschuldigung bei den Wählern. Er versprach anschließend in einer TV-Sendung[53], noch in der laufen-

---

[52] Der damalige Generalsekretär der LDP Kajiyama deutete in einem später geführten Interview an, dass die Verhaftung Kanemarus aus den gegnerischen Reihen der eigenen Partei herbeigeführt worden sei. Er hielt es für einen „Coup d'Etat" (*kûdetâ*), bei dem Kanemaru geopfert wurde, um politische Reformen zu realisieren (SASAKI 1999: 149).

[53] In einer Sendung der *TV Asahi* sage Miyazawa am 31. Mai 1993: „Es muss unbedingt in diesem Parlament getan werden. Es wird getan. [...] Ich habe noch nie gelogen." (SASAKI 1999: 535)

den Sitzungsperiode gegen die geldorientierte Politik (*kinken seiji*) vorzugehen und Reformen durchzuführen (BLECHINGER 1998: 330). Da aber ein großer Teil der LDP am Status quo festhalten wollte, war es unvermeidbar, dass die Partei schließlich an der Reformfrage zerbrach (SASAKI 1999: 148).

Die Reformgegner, allen voran Generalsekretär Kajiyama, blockierten die Reformbestrebungen innerhalb der Partei, indem sie eigene, nicht realisierbare Entwürfe vorlegten (KLEIN 1998: 137). Auch die Oppositionsparteien legten ihre Vorschläge für Gesetzesreformen vor. Die Reformbefürworter der LDP strebten nach einer Konsenslösung mit den anderen Parteien, aber die laufende Sitzungsperiode drohte bald zu enden. Da es aussichtslos schien, dass Miyazawa sein Versprechen einhielt, stellten die Oppositionsparteien am 17. Juni 1993 einen Misstrauensantrag gegen den Premierminister. Die Opposition war sich dabei sicher, die Stimmen der Hata-Faktion für das Misstrauensvotum zu gewinnen. Hata selbst hoffte, einen Bruch der Partei noch verhindern zu können, indem er versprach, gegen das Misstrauensvotum zu stimmen, falls Miyazawa die Sitzungsperiode verlängerte und die Entscheidung über eine politische Reform herbeiführte. Daran waren jedoch weder Kajiyama noch Ozawa interessiert. Für Kajiyama und seinen Stellvertreter Katô Kôichi hätte eine Verlängerung die Stärkung der Hata-Faktion bedeutet. Beide befürchteten, dass Ozawa sich dadurch an die Parteispitze drängen könnte. Hingegen sah Ozawa in dem Misstrauensvotum eine Chance, eine Regierung ohne LDP-Beteiligung herbeizuführen und diese aus dem Hintergrund zu lenken (CURTIS 1999: 93-97).

Die Reformgegner der LDP blockierten jeden weiteren Versuch Miyazawas, die Sitzungsperiode zu verlängern und das Misstrauensvotum abzuwehren. In einem Interview sagte er später dazu: „[…] the LDP machinery did not move. […] he [Kajiyama] sat on his hands" (CURTIS 1999: 95). Ozawa ermutigte währenddessen die PSP, gegen eine Verlängerung der Sitzungsperiode zu stimmen, was diese als erste der Oppositionsparteien schließlich tat. Nachdem sich die SPJ und die DSP ebenfalls zu dieser Strategie entschlossen hatten, stellte sich bald darauf auch Hata auf die Seite der Opposition.

Am Abend des 18. Juni 1993 wurde mit den Stimmen fast aller Abgeordneten aus der Hata-Faktion - ein Abgeordneter war bei der Abstimmung nicht anwesend - das Misstrauensvotum gegen Premierminister Miyazawa angenommen. Einen Tag darauf traten Hata, Ozawa und mit ihnen 44 LDP-Mitglieder aus der Partei aus und gründeten die Erneuerungspartei (*Shinseitô*; EP). Am selben Tag verließen weitere zehn Abgeordnete - hauptsächlich jene, die zu der Utopia-Studiengruppe um Takemura Masayoshi gehörten - die LDP, um die Neue Vorreiterpartei (*Shintô Sakigake*; NVP) zu konstituieren (CURTIS 1999: 96). Somit waren es nunmehr drei neue Parteien, die aus ehemaligen LDP-Abgeordneten bestanden. Schon ein Jahr zuvor hatte der reformorientierte Hosokawa Morihiro, der jüngste Spross einer alten Politikerfamilie[54], die Neue Partei Japans (*Nihon Shintô*; NPJ) gegründet (KLEIN 1998: 134).

Premierminister Miyazawa löste das Unterhaus auf und rief für den 18. Juli 1993 Neuwahlen aus. Aus dieser ging die LDP mit 223 Sitzen zwar als stärkste Partei hervor, verfehlte jedoch die absolute Mehrheit um 33 Sitze (CURTIS 1999: 101). Die Sozialdemokraten verblieben an zweiter Stelle, obwohl sie hohe Verluste hinnehmen mussten[55]. Sie büßten 57 Mandate ein, was auf die Abwanderung der Wähler zu den neu gegründeten Parteien zurückzuführen war. Insbesondere die NPJ um den ehemaligen Liberaldemokraten Hosokawa ging mit 35 Sitzen als „Gewinner" aus dieser Wahl hervor. Aber auch die meisten der anderen ehemaligen LDP-Abgeordneten in der EP und NVP wurden wiedergewählt, obwohl sie ihre politische Heimat verlassen hatten (KLEIN 1998: 140-143).

Die LDP versuchte nach der Unterhauswahl, die NPJ und die NVP von einer Koalition der konservativen Parteien zu überzeugen. Sie erklärte sich dafür sogar zu Zugeständnissen in Bezug auf

---

[54] Premierminister Konoe Fumimaro (1937-1939) war Hosokawas Großvater.

[55] Das Ende des Kalten Krieges war einer der Gründe, warum die ehemalige Sozialistische Partei an Wählerstimmen verlor (SASAKI 1999: 7 f.), da „sie mehr als je zuvor anachronistisch erschien." (KLEIN 1998: 142)

eine mögliche Reform des Wahlsystems bereit. Die Umworbenen präsentierten daraufhin ihre Vorstellung von einer politischen Reform, in der sie Folgendes forderten: ein „Grabensystem" mit 250 Mandaten über Einerwahlkreise und 250 Mandaten über Parteilisten, die Verschärfung der Mithaftung der Politiker (*renzasei*), die Einführung einer staatlichen Finanzierung von Parteien sowie das Spendenverbot von Unternehmen an einzelne Politiker. Bis zum 28. Juli 1993 erklärten sich nach und nach weitere fünf Parteien sowie ein Zusammenschluss (*kaiha*) von Oberhausabgeordneten mit diesem Plan einverstanden. Die NVP, NJP, EP, DSP, SPJ, PSP, der Sozialdemokratische Bund (*Shakai Minshu Rengô*; SDB) und die Oberhausabgeordneten des Demokratischen Reformbunds (*Minshu Kaikaku Rengô*; DRB) schlossen sich zu einer Koalition zusammen, mit deren Stimmen Hosokawa Morihiro am 6. August 1993 zum neuen Premierminister gewählt wurde (KLEIN 1998: 144). So wurde die sogenannte „achtspännige Kutsche" (*hachitô date no basha*) gebildet, die sich auf die Fahne schrieb, noch innerhalb eines Jahres politische Reformen zu verwirklichen.

3.1.2. Verabschiedung der Reformgesetze

Am 17. September 1993 legte die Koalitionsregierung Entwürfe zu vier Reformgesetzen im Unterhaus vor. Sie enthielten die Einführung eines Grabensystems, in dem 250 Mandate in Einerwahlkreisen und 250 Mandate über Listen vergeben werden sollten, die Aufhebung des Verbots von Hausbesuchen zur Wählerwerbung sowie die Verschärfung der Mithaftung bei Verstößen gegen das Wahlgesetz für öffentliche Ämter (Tab. 3). Außerdem sollte das GRPG dahingehend geändert werden, dass Spenden an einzelne Politiker verboten und die Sanktionen bei einem Verstoß gegen das Gesetz verschärft werden sollten (Tab. 4). Darüber hinaus sahen sie die Einführung der staatlichen Parteienfinanzierung in einem jährlichen Gesamtvolumen, das sich aus der Bevölkerungszahl multipliziert mit 335 Yen (41, 5 Milliarden Yen) ergeben sollte, vor (KLEIN 1998: 155) (Tab. 5).

Tabelle 3: Entwürfe zur Reform des Wahlgesetzes für öffentliche Ämter im Oktober 1993

	Reform des Wahlgesetzes für öffentliche Ämter						
	Wahlsystem	Anzahl d. Mandate	Vergabe der Mandate	Anzahl d. Stimmen	Wahlkreis f. Verhältniswahl	Hausbesuche	System d. Mithaftung
Regierungs-entwurf	Grabensystem mit Einer-wahlkreisen	500	250 Einer-wahlkreise u. 250 Liste	zwei pro Wähler	ganzes Land	erlaubt v. 8 Uhr bis 20 Uhr	Erweiterung auf Sekretäre u. Verwandte
LDP-Entwurf	und Listen-mandaten	471	300 Einer-wahlkreise u. 171 Liste	eine pro Wähler	47 Präfekturen	Verbot wie bisher	v. Kandidaten u. zukünftigen Kandidaten

(Quelle: KOJIMA 1994: 228-229)

Tabelle 4: Entwürfe zur Reform des GRPG im Oktober 1993

	Reform des Gesetzes zur Regulierung politischer Gelder					
	Unternehmens- u. Organisationsspenden	Offenlegung v. Spenden	Offenlegung v. Ticketkäufen	Spenden-förderung	Verschärfung v. Sanktionen	
Regierungs-entwurf	Verbot v. Spenden an einzelne Politiker u. an ihre Sammelorganisation; Spenden an Partei nach fünf Jahren zu über-prüfen; Spendenober-grenze unverändert	Spenden an Partei, Sammel-organisation oder Politiker ab 50.000 Yen offenlegen	Ticketkäufe ab 50.000 Yen pro Party veröffentlichen	Steuerliche Abzugs-fähigkeit v. privaten Spenden	Entzug d. Bürgerrechte (aktives u. passives Wahlrecht) bis zu fünf Jahren bei	Erhöhung d. Betrags d. Geldstrafe um das 2,5- bis 3-fache
LDP-Entwurf	Verbot v. Spenden an einzelne Politiker; bis zu zwei Sammel-organisationen pro Politiker; Spendenober-grenze um 1,5-fache er-höhen; nach fünf Jahren zu überprüfen	Spenden von Unternehmen ab 50.000 Yen, private Spenden ab 500.000 Yen offenlegen	Ticketkäufe ab 500.000 Yen pro Party veröffentlichen	Steuerliche Abzugs-fähigkeit v. Privat- und Unter-nehmens-spenden	Haft- o. Geldstrafe oder f. die Zeit der Bewährung bei Bewährungs-strafe	Erhöhung d. Betrags d. Geldstrafe um das 2,5-fache

(Quelle: KOJIMA 1994: 229-230)

Tabelle 5: Entwürfe zur Einführung der staatlichen Parteienfinanzierung im Oktober 1993

	Gesetz zur staatlichen Parteienfinanzierung	
	Bedingungen für die Anerkennung als Partei	Gesamtbetrag der staatlichen Parteienfinanzierung
Regierungs-entwurf	1) Parteien, die mindestens über fünf Abgeordnete im Parlament verfügen **und/oder** 2) Parteien, die über mindestens einen	335 Yen x Bevölkerungszahl = ca. 41,4 Milliarden Yen
LDP-Entwurf	Abgeordneten im Parlament verfügen und bei den letzten nationalen Wahlen mindestens 3% der gültigen Stimmen erhalten haben.	250 Yen x Bevölkerungszahl = ca. 30,9 Milliarden Yen

(Quelle: KOJIMA 1994: 230)

Knapp einen Monat später, am 5. Oktober 1993, wartete die LDP mit einem eigenen Entwurf auf, der fünf Reformgesetze umfasste. Hauptbestandteil war auch hier die Einführung von Einerwahlkreisen. 300 der insgesamt 471 Mandate sollten über Einerwahlkreise und die übrigen Mandate über Parteilisten vergeben werden. Im Gegensatz zum Regierungsentwurf, in dem die Wähler zwei Stimmen hatten, sollten die Wähler nur eine Stimme abgeben dürfen (Tab. 3).

Für den Fall, dass eine Ungleichheit der Stimmenwerte eintritt, sollte eine Wahlkreiskommission eingerichtet werden, die dann für eine Korrektur der Wahlkreisgrößen sorgen sollte. Das Verbot von Hausbesuchen sollte laut LDP-Entwurf beibehalten werden, da man vermutete, dass die PSP oder die KP, die beide über eine Vielzahl freiwilliger Wahlhelfer verfügten, ansonsten profitieren könnten. Außerdem wurde befürchtet, dass ein Amtsinhaber aufgrund seiner Tätigkeit als Abgeordneter in der Hauptstadt weniger Präsenz in seinem Wahlkreis zeigen könnte als ein neu kandidierender Konkurrent (KLEIN 1998: 157). Außerdem sollte, wie schon in früheren Forderungen der LDP, jeder Politiker über zwei Spendensammelorganisationen verfügen dürfen, die jeweils Spenden bis zu 240.000 Yen pro Spender und Jahr empfangen können (Tab. 4). Auch der LDP-Entwurf sah die Einführung einer staatlichen Parteienfinanzierung vor (Tab. 5). Der Unterschied zum Vorschlag der Regierung war, dass die LDP von 250 Yen als Multiplikator ausging, und das Gesamtvolumen der staatlichen Subvention somit bei 30,9 Milliarden Yen lag (KLEIN 1998: 156).

Reformgegner innerhalb der LDP wurden mit dem Argument überzeugt, dass der Gegenentwurf zum einen die Differenzen zum Regierungsentwurf verdeutliche und er zum anderen für eine längere und ausführlichere Debatte im Parlament sorge (KOJIMA 1994: 16). Die größere Anzahl der Mandate bei der LDP, die nach dem Prinzip der Mehrheitswahl in Einerwahlkreisen vergeben werden, ist dadurch zu erklären, dass sie davon ausging, als größte Partei hier günstigere Bedingungen für Mandatsgewinne zu haben. Gleichzeitig forderte die LDP, die Präfekturen als Verhältniswahlkreise zu nehmen, anstatt das gesamte Land als einen Verhältniswahlkreis zu betrachten, wie es die Regierung in ihrem Entwurf vorsah. „Da die Chancen für kleinere Parteien steigen, je mehr Mandate in einem Wahlkreis vergeben werden" (KLEIN 1998: 157), hoffte die LDP auch auf diese Weise, die Bedingungen für die Parteien der Koalition zu verschlechtern.

Nachdem beide Seiten ihre Entwürfe vorgelegt hatten, begann ein langwieriger Beratungs- und Einigungsprozess in beiden Häusern des Parlaments, der noch bis zum Januar des darauffolgenden Jahres dauern sollte. Es wurde ein Sonderausschuss des Unterhauses zu politischen Reformen (*shûgiin seiji kaikaku ni kansuru tokubetsu chôsa iinkai*) gebildet, der eine modifizierte Version des Regierungsvorschlags erarbeitete. Obwohl die Regierung der LDP entgegengekommen war - so sollten beispielsweise nur noch 274 Mandate über Einerwahlkreise und 226 Mandate nach Verhältniswahl vergeben werden, und das Verbot von Unternehmens- und Verbandspenden an einzelne Politiker erst nach fünf Jahren eingeführt werden - fand der neue Vorschlag keine Zustimmung seitens der LDP (KLEIN 1998: 159).

Die Regierung versuchte, eine Kompromisslösung mit der LDP durch ein Spitzengespräch (*toppu kaidan*) herbeizuführen. Der Austausch zwischen Premierminister Hosokawa und dem LDP-Vorsitzenden Kôno in der Nacht vom 15. auf den 16. November 1993 blieb jedoch ohne Ergebnis (KOJIMA 1994: 17). Die Regierung reichte dennoch den überarbeiteten Entwurf im Unterhaus ein. Die namentliche Abstimmung im Unterhaus über diesen und den LDP-Entwurf fand am 18. November 1993 statt. Der Vorschlag der Opposition wurde mit 225 Für- und 278 Gegenstimmen bei sieben Abwesenden (Enthaltungen) abgelehnt, während der Entwurf der Regierungskoalition mit den Stimmen von 270 Befürwortern, 226 Gegenstimmen und 14 abwesenden Abgeordneten angenommen wurde (KOJIMA 1994: 18). Die Gegenstimmen stammten zum Teil aus den Reihen der SPJ, die Nachteile von der Einführung eines neuen Wahlsystems fürchtete. Weil aber auch LDP-Abgeordnete für den Koalitionsvorschlag votierten oder sich der Stimme enthielten[56], konnten die Gesetze trotz des Widerstands der LDP das Unterhaus passieren (KLEIN 1998: 159).

Acht Tage darauf begannen die Beratungen zu den Reformgesetzen[57] im Oberhaus. Die Regierung war bestrebt, das Gesetzespaket noch vor dem Jahreswechsel zu verabschieden. Die LDP hingegen spekulierte auf eine längstmögliche Verzögerung der Entscheidung im Oberhaus, indem sie die Beratungen über die Reform mit denen über einen Nachtragshaushalt verknüpfte (KOJIMA 1994: 22). Die Beratungen wurden in den Sonderausschuss des Oberhauses zu politischen Reformen (*sangiin seiji kaikaku ni kansuru tokubetsu chôsa iinkai*) verlegt, und es schien unmöglich, eine Abstimmung vor Beendigung der laufenden Sitzungsperiode

---

[56] Unter diesen befand sich auch der ehemalige Premierminister Kaifu, der später zu dem Regierungsentwurf sagte: „Es war kein perfekter Vorschlag, aber ich konnte auch nicht mit einer Gegenstimme alles ablehnen. Darum war ich [bei der Abstimmung] abwesend." (KOJIMA 1994: 19).
[57] Neben den Reformentwürfen der Regierung ging es auch um drei von der KP eingebrachte Gesetzesentwürfe, die unter anderem das absolute Verbot von Spenden durch juristische Personen, wie Unternehmen oder Gewerkschaften enthielten (SASAKI 1999: 490).

am 15. Dezember 1993 herbeizuführen. Mit den Stimmen der Regierungskoalition wurde deshalb die Sitzungsperiode um 45 Tage bis zum 29. Januar 1994 verlängert (KLEIN 1998: 159-160). In den Sitzungen des Oberhauses wurde erneut über die Behandlung von Unternehmens- und Organisationspenden, die Details der staatlichen Parteienfinanzierung, das Zulassen der Hausbesuche sowie die Größe der Verhältniswahlkreise debattiert. Die Regierung wurde aufgefordert, ihren Entwurf erneut zu modifizieren, und Hosokawa zeigte wiederum seine Bereitschaft, der Opposition entgegenzukommen, um schnell eine Einigung zu erreichen (KOJIMA 1994: 24).

Gleichzeitig drohten die Regierungsparteien damit, Artikel 59 der Japanischen Verfassung (JV) anzuwenden. Er besagt, dass eine Gesetzesvorlage, die das Unterhaus passiert hat und nicht innerhalb von 60 Tagen die Zustimmung im Oberhaus findet, mit einer einfachen Mehrheit im Unterhaus als „im Oberhaus abgelehnt" betrachtet werden kann. Die Vorlage kann dann mit einer Zweidrittelmehrheit im Unterhaus als Gesetz beschlossen werden, ohne dass es einer Entscheidung des Oberhauses bedürfte. Bei gegensätzlichen Entscheidungen der Häuser wird die Möglichkeit der Einrichtung eines Vermittlungsausschusses beider Häuser (*ryôin kyôgikai*) eingeräumt, der mit einer Zweidrittelmehrheit einen Entwurf vorlegen kann. Dieser kann wiederum mit jeweils einer einfachen Mehrheit im Unter- und Oberhaus verabschiedet werden (MIYAZAWA 1986: 204-206). Es blieb jedoch bei den Drohungen. Die Regierung ging nicht das Risiko ein, mit dieser politisch unerwünschten Maßnahme von der Opposition der Missachtung des Oberhauses bezichtigt zu werden (KOJIMA 1994: 31).

So konnte Hosokawa sein Vorhaben, die Reformen im alten Jahr zu realisieren, nicht umsetzen. In einer Pressekonferenz am 24. Dezember 1993 erklärte er: „Ich habe dafür alle meine Kräfte eingesetzt, aber objektiv betrachtet ist die Verabschiedung der Gesetze innerhalb dieses Jahres schwierig geworden. Dass die Verabschiedung in diesem Jahr nicht mehr möglich ist, dafür entschuldige ich mich bei der Bevölkerung." Gleichzeitig bekräftigte er seinen Entschluss, nicht aufzugeben und die Gesetze nicht zu „begraben", nachdem sie das Unterhaus bereits passiert hätten (ASAHI SHIMBUN 25.12.1993: 7).

Die Winterpause begann, und der Sonderausschuss trat am 5. Januar des neuen Jahres, zunächst unter Boykott der LDP-Mitglieder[58], zusammen, um die Beratungen fortzusetzen. Parallel dazu versuchten Regierungs- und Oppositionsparteien, eine Annäherung zu erzielen. Unter diese Versuche fällt das Spitzengespräch zwischen Hosokawa und Kôno am 19. Januar 1994. In diesem ging es hauptsächlich um drei Forderungen der LDP zur Veränderung der Reformgesetze: Erstens sollte die Anzahl der Mandate auf 510 erhöht werden. Davon sollten 280 über Einerwahlkreise und 230 über Verhältniswahl vergeben werden. Als zweites verlangte die LDP, für die Verhältniswahl das Land in sieben Blöcke zu unterteilen. Im dritten Punkt ging es darum, eine Spendensammelorganisation pro Politiker zuzulassen, die auch Spenden von Unternehmen und anderen Organisationen entgegennehmen darf. Ein Verbot von Unternehmensspenden sollte erst fünf Jahre nach Inkrafttreten des Gesetzes überprüft werden (KOJIMA 1994: 32-33).

Hosokawa wollte auch hier wieder kompromissbereit sein, aber nun gab es Abstimmungsschwierigkeiten innerhalb der Koalition. Die SPJ war unter keinen Umständen bereit, Unternehmensspenden an einzelne Politiker zuzulassen. Ohne ein Ergebnis bei dem Spitzengespräch erzielt zu haben, wurde am darauf folgenden Tag über den Entwurf der Regierung im Sonderausschuss abgestimmt. Überraschenderweise stimmte dort eines der LDP-Mitglieder dafür, so dass der Regierungsentwurf ohne jegliche Veränderung mit der Mehrheit im Ausschuss verabschiedet wurde und am 21. Januar 1994 dem Oberhaus zur Abstimmung vorgelegt werden konnte (KOJIMA 1994: 33). Dort wurden allerdings die Reformgesetze mit 118 zu 130 Stimmen abgelehnt. In der namentlichen Abstimmung votierten fünf LDP-Abgeordnete dafür, während 17 SPJ-

---

[58] Die LDP begründete ihre Abwesenheit mit der Behauptung, dass kein Zeitplan für den Ausschuss aufgestellt sei. Einen Tag später gab sie ihren Boykott jedoch auf (KLEIN 1998: 160-161).

Abgeordnete dagegen stimmten und weitere drei SPJ-Abgeordnete der Abstimmung fernblieben (ASAHI SHIMBUN 22.01.1994: 1).

Nun kam doch Artikel 59 JV zur Anwendung. Noch am selben Tag beschlossen die Spitzen der Koalitionsparteien, einen Vermittlungsausschuss einzusetzen mit dem Ziel, das Gesetzespaket in beiden Häusern zur Verabschiedung zu führen[59] (ASAHI SHIMBUN 22.01.1994: 1). Um im Ausschuss die erforderliche Zweidrittelmehrheit für die Gesetzesvorlage zu erreichen, war eine Einigung mit der LDP unbedingt erforderlich[60]. Die Koalition erarbeitete aus diesem Grund einen Kompromissvorschlag, der Gegenstand der Verhandlungen im Vermittlungsausschuss sein sollte. Ein Entgegenkommen zeigte die Regierung im Hinblick auf die Anzahl und Aufteilung der Mandate (280 Mandate über Einerwahlkreise und 220 Mandate über Verhältniswahl), die Bestimmung der Verhältniswahlkreise (sieben Blöcke statt ein Wahlkreis für ganz Japan) sowie die Unternehmensspenden an einzelne Politiker, die für die ersten fünf Jahre erlaubt bleiben sollten (ASAHI SHIMBUN 27.01.1994: 1). Die erste Sitzung des Vermittlungsausschusses am 26. Januar 1994 endete jedoch nach nur zehn Minuten. Der Ausschuss tagte am 27. Januar 1994 ein weiteres Mal, wurde aber nach einer fast zehnstündigen Sitzung aufgelöst - nicht zuletzt deswe-

---

[59] Die Anwendung des Art. 59 Abs. 3 JV (Einrichtung eines Vermittlungsausschusses) war der realistischere Weg, die Gesetze durch das Parlament zu bringen. Ein Vermittlungsausschuss beider Häuser besteht aus jeweils zehn Abgeordneten des Unter- und Oberhauses. Eine Zweidrittelmehrheit wäre demnach bei 13 Stimmen erreicht, während eine Zweidrittelmehrheit im Unterhaus, wie es Art. 59 Abs. 2 JV vorsieht, nahezu unmöglich erschien (ASAHI SHIMBUN 22.01.1994: 3).

[60] In der Geschichte des japanischen Parlaments hatte es zuvor nie den Fall gegeben, dass ein im Vermittlungsausschuss abgelehntes Gesetz nochmals im Unterhaus behandelt wird. Die Rechtsabteilung des Unterhauses (*shûin hôseikyoku*) war der Ansicht, dass dies möglich, aber zur Verabschiedung des Gesetzes eine Zweidrittelmehrheit im Unterhaus notwendig sei (ASAHI SHIMBUN 22.01.1994: 3). Es hatte in der Vergangenheit zwei Fälle gegeben, in denen für einen Gesetzesentwurf, der das Unterhaus passierte und im Oberhaus abgelehnt wurde, ein Vermittlungsausschuss gegründet wurde. Beide Male kamen die Gesetze am Ende nicht zustande (ASAHI SHIMBUN 27.01.1994: 7).

gen, weil die dorthin entsandten LDP-Mitglieder, Hardliner unter den Reformgegnern, als Gegenvorschlag den alten LDP-Entwurf vom Oktober 1993 vorlegten und somit keine Kompromissbereitschaft zeigten. Jedoch waren weder Premierminister Hosokawa noch der LDP-Vorsitzende Kôno[61] daran interessiert, den Vermittlungsausschuss auszuschalten und die Gespräche ganz abbrechen zu lassen. Auf Vermittlung der Präsidentin des Unterhauses, der SPJ-Politikerin Doi Takako[62], willigten beide ein, die Spitzengespräche fortzusetzen (ASAHI SHIMBUN 28.01.1994: 1). Das Treffen zwischen Hosokawa und Kôno fand am Abend des 28. Januar 1994 statt. Noch in der Nacht zum 29. Januar traten beide vor die Presse und unterzeichneten das Einigungsdokument. Im Wesentlichen war die Regierung den Forderungen der LDP noch weiter entgegengekommen, indem die Anzahl der Mandate in den Einerwahlkreisen auf 300 erhöht und die Listenmandate auf 200 verringert wurden.

Zudem sollten die Wahlkreise für die Verhältniswahl aus elf Blöcken gebildet werden. Jedem Politiker wurde eine Spendensammelorganisation und Unternehmensspenden an diese in Höhe von bis zu 500.000 Yen pro Jahr gestattet. Bei der staatlichen Parteienfinanzierung einigte man sich darauf, dass der Betrag, den eine Partei erhält, nicht über 40% der Einnahmen und Ausgaben

---

[61] Kôno handelte aus Angst vor einer Spaltung der LDP. Ihr drohten weitere Parteiaustritte von Befürwortern einer Reform, falls die Vermittlung wieder ohne Ergebnis geblieben und die Reformgesetze gescheitert wären (KLEIN 1998: 164).

[62] Doi schlug vor, das genaue Datum des Inkrafttretens der Gesetze aus den Entwürfen herauszunehmen. Erst nach der Verabschiedung der Gesetze im Parlament sollte für die strittigen Punkte in einem dem Parlamentspräsidium unterstellten Vermittlungsorgan beider Häuser (*ryôin gichô no shita no kyôgikikan*) ein Kompromiss gefunden werden (ASAHI SHIMBUN 29.01.1994: 1). Auf diese Weise kann ein Gesetzesentwurf bei Beendigung einer Parlamentsperiode in der nächsten Periode übernommen werden (KLEIN 1998: 163). Die Einrichtung des Vermittlungsorgans wurde jedoch von Hosokawa und Kôno abgelehnt.

des Vorjahres liegen darf[63]. Eine Partei sollte, um in den Genuss der staatlichen Subvention zu kommen, unter anderem mindestens 2% der Stimmen bei den letzten nationalen Wahlen erhalten haben (Tab. 6). Zur Umsetzung dieser Einzelheiten sollten entsprechende Revisionsgesetze in der folgenden Parlamentsperiode verabschiedet werden (ASAHI SHIMBUN 29.01.1994: 1). Diesmal waren auch keine Widerstände aus der Koalition mehr zu befürchten, da die Spitzen der SPJ zeitgleich eine Sitzung abhielten, in der sie trotz heftiger Gegenstimmen innerhalb der Partei beschlossen, die Lockerung der Regulierung von Unternehmensspenden hinzunehmen (ASAHI SHIMBUN 29.01.1994: 1).

Tabelle 6: Vergleich der Entwürfe und des Kompromisses im Januar 1994

	Kompromiss	Regierungsentwurf	LDP-Entwurf
Parlamentsgröße	500	500	471
Einerwahlkreise	300	274	300
Verhältniswahl	200	226	171
Wahlkreise	11 Blöcke	7 Blöcke	47 Präfekturen
Stimmen	2	2	1
Partei	ab 2% Stimmenanteil	ab 3% Stimmenanteil	-
Unternehmens- u. Organisations- spenden	1 Sammelorganisation pro Politiker mit Höchstgrenze von 500.000 Yen; Verbot nach 5 Jahren	Spendenverbot an einzelne Politiker	2 Sammelorganisationen pro Politiker mit Höchstgrenzen von 240.000 Yen
Hausbesuche	verboten	zulässig	verboten

(Quelle: ASAHI SHIMBUN 29.01.1994 Abendausgabe: 2)

Der Vermittlungsausschuss beider Häuser nahm seine Arbeit wieder auf. Am Nachmittag des 29. Januar 1994 wurden die Reformgesetze auf Grundlage der Einigung zwischen Hosokawa und

---

[63] Dies wurde später in die sogenannte „Zweidrittelregelung" umgewandelt; Vgl. dazu Kap. 3.2.

Kôno dahingehend verändert, dass das Datum des Inkrafttretens entfernt wurde. Die erforderliche Zweidrittelmehrheit kam zustande und am letzten Tag der laufenden Sitzungsperiode entschieden Unter- und Oberhaus über die vier Gesetzesentwürfe in einer Abstimmung durch Erheben (*kiritsu saiketsu*). Genaue Ergebnisse sind aus diesem Grund nicht bekannt, aber die Reformgesetze erhielten in beiden Kammern des Parlaments eine Mehrheit.

Am 4. Februar 1994 trat der neue Vermittlungsausschuss für politische Reformen (*seiji kaikaku kyôgikai*) zur ersten Sitzung zusammen. Dort wurden die Änderungen, die bei dem Spitzengespräch zwischen Hosokawa und Kôno vereinbart worden waren, in einen Gesetzesentwurf zur teilweisen Revision der vier Reformgesetze (*ichibu kaisei hôan*) eingearbeitet. Dieser wurde einen knappen Monat später dem Parlament vorgelegt. Am 1. März 1994 wurde es zunächst im Sonderausschuss des Unterhauses für politische Reformen (*shûgiin seiji kaikaku tokubetsu iinkai*) und danach in der Hauptsitzung des Unterhauses angenommen. Nachdem das Revisionsgesetz an das Oberhaus weitergeleitet worden war und der dortige Sonderausschuss darüber beraten hatte, wurde schließlich auch in der zweiten Kammer des Parlaments das Gesetz verabschiedet (KOJIMA 1994: 39).

3.1.3. Die Reformgesetze von 1994

Am 25. Dezember 1994 traten das Reformgesetz zum Wahlgesetz für öffentliche Ämter (*kôshoku senkyohô kaseihô*) und das Gesetz zur Einrichtung einer Wahlkreiskommission (*shûgiin giin senkyoku kakutei shingikai setchihô*) in Kraft. Die einschneidendste Veränderung im Wahlgesetz für öffentliche Ämter war die des Wahlsystems. Es wurde das *shô senkyoku hirei daihyô sei* eingeführt, ein Grabensystem, unter dem 300 der insgesamt 500 Sitze im Unterhaus über Einerwahlkreise (*shô senkyoku*) nach Mehrheitswahlprinzip und 200 Sitze nach Verhältniswahlprinzip[64] (*hirei daihyô*) in insgesamt elf Verhält-

---

[64] Die Anzahl der Sitze wird nach dem d'hondtschen Verfahren errechnet. Zur Erklärung dieses Verfahrens vgl. z.B. KJS 1994: 18-19.

niswahlkreisen[65] vergeben werden. Die Einteilung der Einerwahlkreise sollte eine Kommission übernehmen, die dem Büro des Premierministers unterstellt war und binnen sechs Monaten die Einteilung dem Kabinett vorlegen sollte. Grundregel für die Bildung der Wahlkreise war, dass die Ungleichheit des Stimmenwertes nicht mehr als eins zu zwei betragen durfte. Dabei sollten jedoch die herkömmlichen Grenzen der Wahlkreise, bestehende Verwaltungsbezirke, geographische Bedingungen sowie verkehrstechnische Gesichtspunkte berücksichtigt werden. Eine Neuheit im Wahlsystem war auch, dass der Wähler über zwei Stimmen verfügt, wobei die erste einem Kandidaten im Einerwahlkreis und die zweite einer Partei im Verhältniswahlkreis gilt[66].

Aus dem neuen Wahlsystem ergaben sich veränderte Regelungen bezüglich der Kandidatur. Jede Partei, die mindestens fünf Abgeordnete im Parlament oder bei den letzten Unterhaus- oder Oberhauswahlen mindestens 2% der abgegebenen Stimmen erhalten hat, darf Kandidaten aufstellen. Im Verhältniswahlkreis kann auch jede politische Organisation, deren Kandidaturen mindestens 20% der zu vergebenden Listenmandate im betreffenden Wahlkreis beträgt, antreten. Grundsätzlich gibt es die Möglichkeit von „Doppelkandidaturen" (*chôfuku rikkôho*) im Einer- und im Verhältniswahlkreis. Die übliche Kaution[67], die ein Kandidat bei der Registrierung hinterlegen muss, wurde auf drei Millionen Yen für eine

---

[65] Die Anzahl der zu vergebenden Mandate pro Wahlkreis variiert je nach Block zwischen sieben und 33 (KLEIN 1998: 178).

[66] Die ursprünglich geplante Neuerung, dass auf den Wahlzetteln die Namen aller Kandidaten und Parteien aufgedruckt sind und der Wähler seine Stimme durch Markieren vergibt, wurde auf Forderung der LDP zurückgenommen. Es blieb dabei, dass die Wähler den Namen des Kandidaten und der Partei aufschreiben müssen. Die LDP versprach sich davon einen Vorteil, da sie in der Regel über die länger bekannten Politiker bzw. Politikerfamilien verfügte (KLEIN 1998: 180-181).

[67] Zur Vermeidung von unseriösen Kandidaturen verlangt der Gesetzgeber von den Kandidaten eine Kaution, die einbehalten wird, wenn die Kandidatur zurückgezogen wird oder der Kandidat nicht mehr als 10% der gültigen Stimmen im Einerwahlkreis erhält (KLEIN 1998: 181).

Kandidatur im Einerwahlkreis und auf sechs Millionen Yen im Verhältniswahlkreis festgesetzt. Bei einer Doppelkandidatur muss der Kandidat insgesamt sechs Millionen Yen hinterlegen. Ferner wurden striktere Regeln für den Wahlkampf sowie schärfere Bestimmungen bei einem Verstoß gegen das Wahlgesetz und im System der Mithaftung eingeführt (KJS 1994: 14).

Das Reformgesetz zum GRPG und das neue Gesetz zur staatlichen Parteienfinanzierung traten am 1. Januar 1995 in Kraft. Jeder Politiker darf seitdem nur noch über eine offizielle Spendensammelorganisation (*shikin kanri dantai*; wörtlich: Finanzverwaltungsorganisation) verfügen und nur über diese Spenden entgegennehmen. Zuwendungen an einzelne Politiker oder an ihre Unterstützungsorganisationen wurden verboten. Privatpersonen dürfen im Jahr bis zu 1,5 Millionen Yen an eine bestimmte Spendensammelorganisation und bis zu zehn Millionen Yen an Sammelorganisationen insgesamt spenden. Für Unternehmens- und Organisationsspenden wurde für eine Zeit von fünf Jahren nach Inkrafttreten der Reformgesetze vereinbart, dass sie bis zu einer Gesamthöhe von 500.000 Yen pro Jahr an die Spendensammelorganisation eines bestimmten Politikers (je nach Größe des Unternehmens bzw. der Organisation 3,75 Millionen bis 50 Millionen Yen insgesamt an Spendensammelorganisationen) fließen dürfen.

Tatsächlich wurde nach Ablauf der fünfjährigen Übergangszeit, am 15. Dezember 1999, ein Gesetz verabschiedet, das diese Art von Spenden endgültig verbat (ASAHI SHIMBUN 15.12.1999 Abendausgabe: 1). Es trat am 1. Januar 2000 in Kraft. Bei Spenden an eine Partei oder an ihre offizielle Finanzverwaltungsorganisation (*seiji shikin dantai*; wörtlich: Organisation für politische Gelder) gelten sowohl für Privatpersonen als auch für Unternehmen, Gewerkschaften oder andere politische Organisationen keine Beschränkungen, sofern sie sich im vorgegebenen jährlichen Betragsrahmen (*sôwaku*) bewegen (Tab.7).

Tabelle 7: Spendenhöchstgrenzen nach der Reform 1994

	Spender	Empfänger	Betrag (pro Jahr)
Gesamt- rahmen betrag	natürliche Person	Partei o. Finanzverwaltungsorganisation	20 Mio Yen
		Spendensammelorganisation	10 Mio Yen
	Unternehmen oder Gewerkschaften	Partei o. Finanzverwaltungsorganisation	je nach Größe
		Spendensammelorganisation	7,5 - 100 Mio Yen
individuelle Höchst- grenze	natürliche Person	pro Partei o. Finanzverwaltungsorganisation	ohne Beschränkung
		pro Spendensammelorganisation	1,5 Mio Yen
	Unternehmen oder Gewerkschaften	pro Partei o. Finanzverwaltungsorganisation	ohne Beschränkung
		pro Spendensammelorganisation	500.000 Yen

(Quelle: KJS 1994: 20)

Dieser Rahmen gibt vor, dass eine natürliche Person im Jahr insgesamt 20 Millionen Yen an eine Partei spenden darf. Für juristische Personen wie Unternehmen oder Gewerkschaften gelten je nach ihrer Größe (Kapital bzw. Personen) Rahmenbeträge von 7,5 bis 100 Millionen Yen für Zuwendungen an Parteien (KJS 1994: 20). Jede Spende muss ab einem Betrag von 50.000 Yen (vor der Reform galten Grenzbeträge von 10.000 Yen für Unternehmen und eine Millionen Yen für andere politische Organisationen) namentlich veröffentlicht werden. Die Grenze für die Offenlegung von Ticketkäufen für Fundraising-Partys wurde ebenfalls herabgesetzt, von ehemals einer Million Yen auf 200.000 Yen. Der Name eines jeden Käufers, dessen Gesamtsumme diese Grenze überschreitet, muss bekannt gegeben werden (YASUDA/TAKADA 2000: 293).

Auch hier wurden die Sanktionen bei Verstößen gegen das Gesetz verschärft, indem die Geldstrafen um das 2,5-fache erhöht und der Entzug von Staatsbürgerrechten (*kôminken teishi*; Entzug des aktiven und passiven Wahlrechts) eingeführt wurden. Außerdem wurde eine „Doppelbestrafung" von juristischen Personen und deren Vertretern (*ryôbatsu kitei*) ermöglicht, so dass bei einem Verstoß durch eine politische Organisation oder ein Unternehmen gegen das GRPG sowohl die dafür verantwortliche Person als auch die Organisation bzw. das Unternehmen bestraft werden können. Zur Förderung von privaten Spenden natürlicher Personen an Parteien wurde die Möglichkeit vorgesehen, Spendenbeiträge von der Steuer abzuziehen[68] (KJS 1994: 23).

Die neuen Gesetzlichen Vorschriften sollten einerseits dazu beitragen, die Sammelaktivität von Politikern und Faktionen einzuschränken. Andererseits sollte durch die staatliche Parteienfinanzierung ein Ausgleich für die Verringerung der Spenden geschaffen und gleichzeitig die Rolle der Parteien gestärkt werden (KÖLLNER 2000: 150). Auf deren Bestimmungen wird im Folgenden näher eingegangen werden.

3.2. Gesetzliche Bestimmungen zur staatlichen Parteienfinanzierung

Zusammen mit der Revision des GRPG wurde 1994 eine staatliche Finanzierung von Parteien (*seitô josei*; wörtlich: Parteiensubvention) eingeführt, die am 1. Januar des darauffolgenden Jahres in Kraft trat. Zu den Zielen des Gesetzes zur staatlichen Parteienfinanzierung (im Folgenden: GStP) heißt es in § 1:

> *Die Funktion von politischen Parteien in einer parlamentarischen Demokratie anerkennend, dient dieses Gesetz dazu, die Parteien von staatlicher Seite in Form finanzieller Zuwendungen zu unterstützen. Es hat des Weiteren zum Ziel, die gesunde Entwicklung ihrer politischen Aktivitäten zu fördern sowie ihre Redlichkeit und Gerechtigkeit sicher zu stellen und dadurch zur gesunden Entfaltung der Demokratie beizutragen. Zu diesem Zweck legt es die notwendigen Anforderungen an die Parteien, den Antrag, die Berichterstattungspflicht über die Verwendung der Finanzmittel und sonstige erforderliche Maßnahmen fest.*

---

[68] Seit 1975 gab es bereits die Möglichkeit für Privatpersonen, den Betrag politischer Spenden von ihrem zu versteuernden Einkommen abzuziehen (YASUDA/TAKADA 2000: 386-387).

Dieses Gesetz bringt zum einen die besondere Stellung einer Partei als „unentbehrlicher Faktor, der die parlamentarische Demokratie stützt, indem sie als stärkstes Medium zur politischen Willensbildung des Volkes fungiert", zum Ausdruck. Diesen Stellenwert hatte der Große Senat des Obersten Gerichtshofs in seinem Urteil vom 24. Juni 1970 festgestellt und somit die Grundlage für die Einführung der staatlichen Parteienfinanzierung geschaffen. Zum anderen verweist § 1 GStP auf die nachfolgenden Bestimmungen, welche die Subventionen an die Parteien regeln (JSSS 1997: 19).

Zunächst geht es um die Definition der „politischen Partei" (*seitō*) und damit um die Berechtigungsgrundlage, nach der eine politische Organisation in den Genuss der staatlichen Zuschüsse kommen darf. § 2 Abs. 1 GStP gibt die im Kompromiss zwischen Regierungskoalition und der oppositionellen LDP ausgehandelten Kriterien für die Anerkennung als politische Partei wieder. Demnach gilt in Verbindung mit § 3 GRPG eine politische Organisation[69] (*seiji dantai*) als politische Partei, wenn sie entweder mehr als fünf Abgeordnete im Unterhaus und/oder Oberhaus hat oder wenn sie über mindestens einen Parlamentsabgeordneten verfügt und bei den letzten Unterhaus- oder Oberhauswahlen mindestens 2% der gültigen Stimmen für sich gewinnen konnte. Da es sich bei den Mitteln der staatlichen Parteienfinanzierung um Steuergelder handelt, ging es den Gesetzgebern in dieser Vorschrift darum, eine Regelung zu finden, die den Wählerwillen widerspiegelt und nicht Ausdruck eines Staatsinterventionismus ist (JSSS 1997: 22).

Der zweite Absatz dieses Paragraphen besagt, dass die Abgeordneten, die einer Partei oder politischen Organisation angehören, welche diese Kriterien nicht erfüllt, von der staatlichen Parteienfi-

---

[69] Eine politische Organisation gemäß §3 Abs. 1 GRPG ist eine Organisation, die es sich zum Ziel gesetzt hat, bestimmte politische Prinzipien oder Maßnahmen zu fördern, zu unterstützen oder gegen diese anzugehen, oder die Kandidaten für ein öffentliches Amt aufstellt, unterstützt oder gegen diese angeht. Eine Organisation ist auch eine politische Organisation, wenn sie die oben genannten Aktivitäten als ihre Hauptaktivitäten ansieht und diese systematisch und nachhaltig durchführt (YASUDA/TAKADA 2000: 295).

nanzierung ausgenommen sind. Ebenso wird denjenigen Parteien die staatliche Parteienfinanzierung verwehrt, die in ihrem Antrag ein und denselben Abgeordneten als ihrer Partei zugehörig angeben (JSSS 1997: 23).

In engem Zusammenhang mit dem GStP steht neben dem GRPG das Gesetz zur Anerkennung von juristischen Personen (*hôjinkaku fuyohô*; GAJP). Gemäß § 3 Abs. 1 GStP dürfen nur diejenigen politischen Parteien die Parteienfinanzierung vom Staat erhalten, die nach GAJP einen Antrag zur Anerkennung als juristische Person (*hôjin*) gestellt haben und dieser auch genehmigt wurde. Das GAJP wurde im November 1994 zusammen mit der Revision des Wahlgesetzes für öffentliche Ämter beschlossen und trat ebenfalls am 1. Januar 1995 in Kraft. Dieses Gesetz ergänzt das GStP, indem es die Voraussetzungen für die Anerkennung einer Partei als juristische Person und damit für den Erhalt der staatlichen Parteienfinanzierung festlegt. Es stellt somit zugleich sowohl die Pflichten einer Partei als auch deren Rechte heraus (KOSHIJI et al. 1998: 117).

Auch ohne den Status einer juristischen Person können Parteien zwar bei finanziellen Transaktionen aktiv werden, aber in diesem Fall wird das Vermögen als Gemeinschaftsgut aller Mitglieder betrachtet. Wenn beispielsweise Vermögens- oder Besitzrechte zu Gunsten einer Partei eingetragen werden sollen, ist es ohne die Stellung als juristische Person nicht möglich, dies unter dem Parteinamen zu tun. Insbesondere in vermögensrechtlicher Hinsicht war die Situation vor der Etablierung des GAJP demnach nicht immer von Vorteil für politische Parteien. Da jedoch die nach dem japanischen Zivilrecht anerkannten juristischen Personen in der Regel der Kontrolle durch den Staat und der Einflussnahme durch die Ministerialbürokratie unterliegen, war es notwendig, eine neue Regelung für politische Parteien zu finden, damit die verfassungsmäßig garantierte Freiheit bei ihrer Tätigkeit als Vermittler des Bürgerwillens gegenüber der Ministerialbürokratie so weit wie möglich gewährleistet ist. § 2 GAJP stellt aus diesem Grund eindeutig klar, dass keine Bestimmung dieses Gesetzes als Beschränkung der Freiheit politischer Aktivitäten von Parteien ausgelegt werden darf (JSSS 1997: 185-186).

Ferner bestimmt § 3 Abs. 2 GStP, dass die Höhe der staatlichen Parteienfinanzierung sowohl von der Anzahl der Parlamentsabgeordneten der jeweiligen Partei als auch von deren Stimmenanteil bei den vergangenen Wahlen abhängt (JSSS 1997: 24). Der jährliche Betrag, der insgesamt an die Parteien, die einen entsprechenden Antrag stellen, ausgezahlt wird, errechnet sich laut § 7 GStP aus der Einwohnerzahl Japans multipliziert mit 250 Yen, was bei Einführung der staatlichen Parteienfinanzierung (Grundlage Volkszählung 1990) etwa 30,9 Milliarden Yen ergab (YASUDA/ TAKADA 2000: 407). Der Stichtag für die Ermittlung der Höhe der staatlichen Parteienfinanzierung wurde in § 5 GStP auf den 1. Januar eines jeden Jahres festgelegt (JSSS 1997: 41-42).

Alle Parteien, die gemäß § 5 GStP zu Beginn eines Jahres einen Antrag auf staatliche Parteienfinanzierung mit Angaben zur Partei (wie z.B. Namen und Anschrift aller Abgeordneten, Anzahl der bei den letzten Wahlen erhaltenen Stimmen und der aller Ortsverbände) gestellt haben, haben Anspruch auf einen Betrag, der sich nach einem in § 8 GStP bestimmten Schlüssel berechnet (Tab. 8).

Tabelle 8: Berechnung der Höhe der staatlichen Parteienfinanzierung

Aufteilung			Berechnung des Betrags für eine Partei
Anteil nach Anzahl der Abgeordneten			$(1/2 \times \text{Gesamtbetrag*}) \times (\text{Abgeordnetenzahl d. Partei} \div \text{Summe der Abgeordneten aller Parteien}) = Z$
Anteil nach Anzahl der Stimmen	Wahl zum Unterhaus	Einerwahlkreis	$(1/2 \times \text{Gesamtbetrag*}) \times 1/4 \times \text{Stimmenanteil} = a$
		Verhältniswahl	$(1/2 \times \text{Gesamtbetrag*}) \times 1/4 \times \text{Stimmenanteil} = b$
	Wahl zum Oberhaus	Verhältniswahl	$(1/2 \times \text{Gesamtbetrag*}) \times 1/4 \times \text{Stimmenanteil} = c$
		Wahlkreis	$(1/2 \times \text{Gesamtbetrag*}) \times 1/4 \times \text{Stimmenanteil} = d$
Summe d. Anteils nach Stimmen			$a+b+c+d = Y$
Summe (Auszahlungsbetrag an eine Partei)			$Y+Z$

*Gesamtbetrag = 250 Yen × Einwohnerzahl
(Quelle: JSSS 1997: 45, HIGUCHI 1994: 249)

Eine Hälfte des Betrages wird demnach aus der Anzahl der Abgeordneten einer Partei und die andere Hälfte aus der Stimmenzahl der letzten Wahlen[70] errechnet (KOSHIJI et al. 1998: 88-90). In den Jahren, in denen Unterhaus- oder Oberhauswahlen stattfinden und somit eine mögliche Änderung der Abgeordnetenzahlen bzw. Stimmenanteile einer Partei eintritt, wird ein anteiliger Betrag bis zum Wahltermin ausgezahlt und nach den Wahlen der neue Betrag ermittelt (§ 9 GStP). In allen übrigen Jahren findet je viermal[71] eine Auszahlung statt, wobei im April ein Viertel des Jahresgesamtbetrags, im Juli ein Drittel der Differenz zwischen Gesamtbetrag und dem bis dahin ausgezahlten Betrag, im Oktober die Hälfte der Differenz zwischen Gesamtbetrag und dem bis dahin ausgezahlten Betrag und schließlich im Dezember der Restbetrag an die Parteien überwiesen wird, sofern diese eine fristgerechte Aufforderung mitsamt der Bescheinigung über die Anerkennung als juristische Person an die zuständige Behörde übermittelt haben (§ 11 GStP) (JSSS 1997: 54-55).

Ursprünglich war im Gesetz eine Regelung enthalten, nach welcher der Gesamtbetrag der staatlichen Parteienfinanzierung einer Partei nicht größer als zwei Drittel der gesamten Einnahmen dieser Partei aus dem Vorjahr sein durfte[72]. Offiziell wurde diese „Zweidrittelregelung" damit begründet, dass sich die Parteien sonst in zu große Abhängigkeit von den staatlichen Subventionen begeben und ihre eigenen Bemühungen um die Beschaffung von Mitteln zur Finanzierung ihrer politischen Aktivitäten verringern (KAMIWAKI 1999b: 44).

---

[70] Bei den Oberhauswahlen handelt es sich um die letzte und die vorletzte Wahl, da alle drei Jahre jeweils die Hälfte der 242 Sitze neu gewählt wird.

[71] Die viermalige Zahlung entspricht den ursprünglichen Entwürfen. Als jedoch die „Zweidrittelregelung" eingeführt wurde, beschloss man die Auszahlung der staatlichen Parteienfinanzierung auf drei Termine im Jahr zu verteilen (KAMIWAKI 1999b: 44). Die „Zweidrittelregelung" wurde allerdings ein Jahr nach Einführung der staatlichen Parteienfinanzierung aus dem Gesetz gestrichen (KAMIWAKI 1999b: 103).

[72] Im ersten Kompromiss waren es noch 40% der gesamten Einnahmen des Vorjahres; vgl. Kap. 3.1.2.

Tatsächlich aber traf man damit kleinere Parteien wie die SPJ härter als die LDP. Als Zugeständnis an die Sozialisten wurde die Zweidrittelregelung im Dezember des Jahres 1995 mit der Stimmenmehrheit der neuen Regierungskoalition[73] unter Premierminister Murayama Tomiichi (SPJ), zu der auch wieder die LDP gehörte, abgeschafft. Zur Begründung hieß es, dass aufgrund der von Partei zu Partei sehr unterschiedlichen Einnahmensituation und -quellen die „Zweidrittelregelung" zu einer ungerechten Verteilung der staatlichen Parteienfinanzierung führen könnte. Außerdem wäre es ein Einschnitt in die Autonomie der Parteien, wenn das Gesetz festlegen würde, inwieweit eine Partei von der Subvention abhängig sei. Nur die Wähler hätten das Recht, darüber zu entscheiden, wie viel öffentliche Finanzierung einer Partei zustehe (JSSS 1997: 14). Auf diese Weise entledigte man sich der „einzigen Bremse" (KAMIWAKI 1999b: 103) in der staatlichen Parteienfinanzierung.

§ 4 GStP garantiert die freie Wahl des Verwendungszwecks der vom Staat erhaltenen Gelder und überlässt diese der Eigenverantwortung der Parteien. Allerdings müssen die Parteien im Gegenzug dafür sorgen, dass der Verwendungszweck transparent und nachvollziehbar ist (§§ 14-18 GStP). Aus diesem Grund sind die Parteien dazu verpflichtet, über jede Ausgabe, die aus den Mitteln der staatlichen Parteienfinanzierung getätigt wurde und 50.000 Yen überschreitet, Rechenschaft abzulegen. Darunter fallen auch Zahlungen von der Parteizentrale an die Parteifilialen (*seitô shibu*) oder

---

[73] Premierminister Hosokawa trat bereits am 28. April 1994 von seinem Amt zurück, nachdem auch er in Verdacht geraten war, von der Firma *Sagawa Kyûbin* Bestechungsgelder angenommen zu haben. Aber auch Rivalitäten innerhalb der Koalition und die Ankündigung einer Wohlfahrtssteuer in Höhe von 7% hatten seine Popularität verringert und seine Position als Regierungschef geschwächt (CURTIS 1999: 133-136). Hata Tsutomu (EP) trat für zwei Monate die Nachfolge Hosokawas an. Die Koalition brach kurz darauf zusammen, und Hata trat zurück, bevor es zu einem Misstrauensvotum gegen ihn im Parlament kam. Mit den Stimmen der LDP, der SPJ und der NVP wurde Murayama, ohne Neuwahlen des Unterhauses abzuhalten, zum neuen Premierminister gewählt (CURTIS 1999: 172).

der Anteil der staatlichen Gelder, der nach Erhalt gewinnbringend angelegt wurde. Die Parteien haben gemäß §§ 17 ff. GStP dem Ministerium für öffentliches Management (*Sômu Shô*) [74] jährlich einen ausführlichen Bericht über die Verwendung der Parteiensubventionen (*seitô kôfukin no shito hôkokusho*) innerhalb der ersten drei Monate eines Jahres vorzulegen. Eine Zusammenfassung der Berichte wird nach §§ 32-33 GStP der Öffentlichkeit für einen Zeitraum von fünf Jahren zugänglich gemacht. In den Berichten müssen Angaben über die Gesamtsumme der im Vorjahr erhaltenen staatlichen Zuwendung, das Datum der Einzahlungen, die Gesamtsumme der davon im Vorjahr ausgegebenen Beträge, der Verwendungszweck sowie der Empfänger der Beträge und die Bilanz des Parteivermögens enthalten sein. Als Anlage sind diesem Bericht unter anderem Berichte von einem unabhängigen Rechnungsprüfer sowie die Finanzberichte der Parteifilialen beizufügen. Auch diese Parteifilialen sind laut § 18 GStP dazu verpflichtet, einen Bericht anzufertigen und diesen bei den zuständigen Behörden der betreffenden Präfektur vorzulegen, sobald sie von der Parteizentrale einen Teil der staatlichen Parteienfinanzierung erhalten (JSSS 1997: 68-80).

Bei Auflösung (*kaisan*) einer Partei oder in dem Fall, dass durch eine Änderung der Ziele eine politische Organisation der Definition einer Partei nicht mehr entspricht, muss dies innerhalb von 15 Tagen dem Ministerium für öffentliches Management gemeldet werden. Die Zahlung der staatlichen Parteienfinanzierung wird dann mit sofortiger Wirkung eingestellt (§§ 21-22 GStP). Komplizierter wird es bei Fusionen (*gappei*) oder Teilungen (*bunkatsu*) von Parteien. Diesbezüglich finden sich Regelungen in den §§ 23-25 GStP. Im ersten Fall wird unterschieden zwischen einer Fusion, bei der ein oder mehr Parteien in einer anderen aufgehen und letztere Partei fortbesteht (*sonzoku seitô*), und einer Fusion, bei der aus zwei oder mehreren Parteien eine neue Partei (*shinsetsu seitô*) entsteht. Für beide Arten von Fusionsparteien gilt, dass sie die für

---

[74] Zur Einführung des GStP war es noch das Innenministerium (*Jichi Shô*).

dieses Jahr zustehenden, noch nicht ausgezahlten staatlichen Gelder der in ihr aufgehenden Parteien erhalten, sofern sie innerhalb von 15 Tagen nach der Fusion einen entsprechenden Antrag mit den Namen der betreffenden Parteien und den Unterlagen zur Fusion beim Ministerium für öffentliches Management einreichen. Die für die Berechnung der Höhe der Parteienfinanzierung relevanten Stimmenanteile und Abgeordnetenzahlen werden summiert (KOSHIJI et al. 1998: 105).

Kommt es zur Teilung einer Partei und entstehen aus dieser Teilung zwei neue Parteien, dann wird der für das laufende Jahr vorgesehene Betrag der staatlichen Parteienfinanzierung entsprechend der Anzahl der Abgeordneten der jeweiligen Parteien an die aus der Teilung hervorgegangenen Parteien ausgezahlt. Handelt es sich um eine Abspaltung von Abgeordneten einer Partei - d.h. die ursprüngliche Partei bleibt nach der Teilung bestehen, und eine neue Partei wird gegründet - dann erhält nur die ursprüngliche Partei die für das laufende Jahr vorgesehene staatliche Förderung. Die Partei der Abgeordneten, die ihre ursprüngliche Partei verlassen haben, gehen demnach für das laufende Jahr leer aus (YASUDA/TAKADA 2000: 427).

Bei einem Verstoß gegen das GStP, insbesondere bei Verstößen gegen die Offenlegungspflicht über die Verwendung der Gelder, kann das Ministerium für öffentliches Management die Auszahlung der staatlichen Parteienfinanzierung zurückhalten, den berechneten Betrag für ein Jahr kürzen oder einen bereits gezahlten Betrag zurückfordern. Auch ist das Ministerium dazu berechtigt, eine Rückzahlung zu verlangen, wenn nach allen Ausgaben, inklusive der Zahlungen an die Parteifilialen, ein Restbetrag zu verzeichnen ist (§§ 33-34 GStP) (KOSHIJI et al.1998: 112).

Weitere Sanktionen bei Verstößen gegen das GStP sind in §§ 43-48 GStP geregelt. Wenn eine Partei bewusst falsche Angaben macht und dadurch Gelder aus der staatlichen Parteienfinanzierung erhält, droht den dafür verantwortlichen Parteimitgliedern eine Freiheitsstrafe von bis zu fünf Jahren und bzw. oder eine Geldstrafe in Höhe von bis zu 2,5 Millionen Yen. Werden Berichte über die Verwendung der staatlichen Parteienfinanzierung gefälscht oder unterschlagen, dann droht den dafür Verantwortlichen eine Freiheitsstrafe von bis zu fünf Jahren und bzw. oder eine Geldstrafe in Höhe von bis zu einer Million Yen. Auch der Rechnungsprüfer und die Partei können bei dieser Art von Verstößen strafrechtlich belangt werden, wobei dem Rechnungsprüfer eine Geldstrafe bis zu einer Höhe von 300.000 Yen und der Partei eine Geldstrafe von bis zu 2,5 Millionen Yen droht. Auf diese Weise soll eine möglichst korrekte Durchführung der staatlichen Parteienfinanzierung gewährleistet werden (KOSHIJI et al. 1998: 116).

3.3. Zur Diskussion um die staatliche Parteienfinanzierung

Wie aus der Darstellung in den vorangegangenen Kapiteln hervorgeht, nahm die Diskussion um die Einführung der staatlichen Parteienfinanzierung in der Öffentlichkeit nicht den Raum ein, wie es die Diskussionen um neue Bestimmungen in der herkömmlichen Spendenpraxis oder auch um das Wahlsystem getan hatten. „Auch im Parlament wurde über sie nicht so sehr debattiert, und sie wurde so eingeführt, dass die Bürger es kaum bemerkten" (KAMIWAKI 1999b: i). Da es sich für Japan aber um ein vollkommen neues System handelte, setzte man sich mit der Frage auseinander, ob überhaupt eine staatliche Bezuschussung von Parteien stattfinden sollte und, wenn ja, von welcher Art sie sein sollte.

Insbesondere Verfassungsrechtler widmeten sich ausgiebig dieser Diskussion, weil das GStP eine besondere verfassungsrechtliche Stellung von politischen Parteien implizierte und als ein Teil ihrer langjährigen Untersuchungen über ein Parteiengesetz betrachtet wurde. Wie in der Frage eines Parteiengesetzes, wurden auch unter dem Aspekt der Parteienfinanzierung Vergleiche zu der Praxis und den Erfahrungen anderer Demokratien angestellt. Dabei waren das System der staatlichen Zuschüsse zum Präsidialwahlkampf in den USA[75] und das System der staatlichen Parteienfinanzierung in der Bundesrepublik Deutschland[76] die meistdiskutierten Modelle in Japan (MORI 1994b: 2).

Zwar war bereits Jahre zuvor in einigen Parteientwürfen[77] von
der Einführung einer staatlichen Parteienfinanzierung die Rede.
Aber als konkreter Vorschlag erschien diese erstmals im zweiten
Bericht des Vorsitzenden des zweiten Ausschusses der achten Beratungskommission zum Wahlsystem (*daihachiji senkyo seido shingikai*

---

[75] In den USA muss ein Kandidat bei den Wahlen um die Präsidentschaft erst
einen Betrag von mindestens 100.000 US-Dollar selber gesammelt haben, um
eine Kompensation für seine Wahlkampfkosten erhalten zu können. Er ist dazu
verpflichtet, möglichst viele Kleinspenden in Höhe bis zu 250 US-Dollar zu
sammeln und in mindestens 20 Bundesstaaten pro Bundesstaat mindestens
5.000 US-Dollar zu erreichen. Die Begründung für die Einführung einer staatlichen Subvention war die, dass damit die Chancengleichheit der Kandidaten
gewährleistet bleiben und Bestechung bei der Beschaffung finanzieller Mittel
vermieden werden soll. Der Etat für die Wahlkampfkosten wird gebildet, indem
je ein Dollar pro Bürger von der Einkommenssteuer dafür eingesetzt wird. Die
Erstattung der Wahlkampfkosten hängt von der Stimmenanzahl ab, die eine
Partei bei den Wahlen erhält (MORI 1994a: 475-479); vgl. dazu auch
KINOSHITA 1994: 67-80.
[76] Die Bundesrepublik Deutschland führte 1967 das erste System zur staatlichen
Parteienfinanzierung in Europa ein. Grundsatz dabei sind „die Staatsfreiheit und
die Chancengleichheit der Parteien, das gleiche Recht der Bürger auf Teilhabe
am Prozess der politischen Willensbildung und das Gebot der öffentlichen
Rechenschaftslegung". Je nach Wählerstimmen, Mitgliederzahl und der erworbenen Spenden findet eine Teilfinanzierung der Parteien durch den Staat statt;
vgl. KLEIN 2000: 5-6.
[77] Schon 1954 gab es erste Ideen, politische Parteien zu subventionieren (JSSS
1997: 6). Im Mai 1989 schlug die DSP vor, alle Spenden von Unternehmen oder
Verbänden zu verbieten, Spenden von privater Seite bis zu einem Betrag von
120.000 Yen pro Jahr zuzulassen, die Spendenpartys gänzlich zu untersagen und
auch die staatlichen Zahlungen zum Unterhalt von Abgeordnetenbüros zu streichen. Im Gegenzug sollte laut dieses Vorschlags eine staatliche Parteienfinanzierung in einem Gesamtumfang von 120 Milliarden Yen eingeführt werden. Auch
die LDP zog in ihrem „Grundsatzprogramm zu einer politischen Reform" von
1989 ein Parteiengesetz in Erwägung, das eine staatliche Parteienfinanzierung
beinhaltete (KAMIWAKI 1999b: 29-30); vgl. dazu auch Kap. 3.1.1.

no daini iinchô hôkoku)[78] (MORI 1994a: 470). Zuvor war im Zuge der Diskussionen um die Formulierung eines Parteiengesetzes auch von einer Subventionszahlung an Parteien gesprochen worden. Aber erst die umfassenden politischen Reformen von 1994 führten schließlich zur Realisierung dieser Parteienfinanzierung.

In dem Bericht der Beratungskommission wurden drei wesentliche Punkte herausgestellt: der „öffentliche Charakter einer politischen Partei", die „Stärkung der finanziellen Grundlage für politische Aktivitäten unter Berücksichtigung der Chancengleichheit zwischen den Parteien" und die dafür notwendige „Bereitstellung dieser Finanzen aus der öffentlichen Hand" (MORI 1994a: 470). Außerdem sollten die staatlichen Zahlungen an die Parteien zusammen mit der Reform des Wahlsystems dazu führen, dass „Wahlen und politische Aktivitäten mit den politischen Parteien als Mittelpunkt *(seitô chûshin)*" durchgeführt werden, anstatt den Schwerpunkt auf einzelne Politiker zu legen (KAMIWAKI 1999b: 31).

In einem weiteren Bericht der achten Beratungskommission wurden darüber hinaus Details zur Definition einer förderungswürdigen politischen Partei - wie viele Parlamentsabgeordnete eine Partei haben müsse oder welchen Stimmenanteil sie von den Wählern erhalten haben sollte - und somit die Kriterien zum Erhalt der staatlichen Parteienfinanzierung festgelegt (KAMIWAKI 1999b: 32). Das Ergebnis, d.h. die endgültige Fassung des GStP, zeigt, dass diese Berichte der achten Beratungskommission richtungsweisend für das 1994 eingeführte Gesetz waren.

Die Befürworter der staatlichen Parteienfinanzierung sprachen den Parteien eine besondere Rolle innerhalb der parlamentarischen

---

[78] Die Kommission ist ein beratendes Organ des Premierministers. Die achte Beratungskommission setzte sich aus Politikern, Wissenschaftlern und Vertretern von Interessensverbänden - z.B. der Vorsitzende des japanischen Zeitungsverbands - zusammen. Der erste Ausschuss der achten Beratungskommission befasste sich mit der Reform des Wahlsystems, während der zweite Ausschuss für das System der politischen Gelder und Maßnahmen zur Verhinderung politischer Korruption zuständig war (SASAKI 1999: 473).

Demokratie in Japan zu, die in § 1 GStP zum Ausdruck kommt[79].
Laut Art. 1, 41, 43 JV geht die oberste Gewalt vom japanischen
Volke aus. Vertreten wird es im Parlament, dem höchsten Organ
der Staatsgewalt, durch die von ihm gewählten Vertreter. Dafür
wird dem Volk in Art. 15 JV das Recht zugesprochen, öffentliche
Amtsträger durch Wahlen zu bestimmen, und somit die Möglichkeit garantiert, an der politischen Willensbildung teilzuhaben
(UZAKI 1994: 159). Um dies gewährleisten zu können, ist es jedoch unerlässlich, für ausreichenden Informationsfluss zu sorgen
und für Politik zu werben, was wiederum Kosten verursacht. Diese
sogenannten „Kosten der Demokratie" (*minshushugi no kosuto*) gilt
es abzudecken. Wie dies geschieht, ist in jeder Demokratie eine
wichtige Frage (UZAKI 1994: 162).

Nach Ansicht der Befürworter der staatlichen Parteienfinanzierung habe das Volk die Pflicht, einen Teil dieser Kosten zu tragen,
um zur gesunden Entwicklung der Demokratie beizutragen. Auf
diese Weise warb auch Premierminister Hosokawa um Verständnis.
Zudem erklärte man ihre dringende Notwendigkeit mit den wachsenden Kosten für Werbung in den Massenmedien (KAMIWAKI
1999b: 245). Aus den Reihen der LDP hieß es:

*Nach Inkrafttreten der politischen Reformen werden Parteiprogramme
und Parteipolitik im Mittelpunkt der politischen Auseinandersetzun-
gen bei Wahlen und anderen politischen Aktivitäten stehen. Darum
wird es notwendig sein, die finanzielle Grundlage von Parteien zu
stärken. Wir glauben, dass wir aufgrund der durchgreifenden Reformen des Wahlsystems und des Politikfinanzierungssystems auf ein
noch größeres Verständnis seitens der Bürger stoßen werden, wenn es
um die Kosten für politische Aktivitäten und die Kosten der Demokratie geht. Gleichzeitig wird eine öffentliche Subvention für politische
Parteien eingeführt, um die Bedingungen dafür zu schaffen. Diese ist
nicht verfassungswidrig und auch politisch unproblematisch
(KAMIWAKI 1999b: 354).*

---

[79] Vgl. Kapitel 3.2.

Weiter sollte der staatliche Zuschuss die Einnahmeeinbußen durch das geplante Verbot von Unternehmens- und Verbandsspenden kompensieren und auf diese Weise zur Bekämpfung von Korruption beigetragen werden. Die Parteienfinanzierung gebe außerdem denjenigen Parteien eine solidere finanzielle Grundlage, die bei der herkömmlichen Beschaffung finanzieller Mittel durch geringere Spenden im Nachteil gewesen seien (KAMIWAKI 1999b: 234).

Kritische Stimmen zur Einführung der staatlichen Parteienfinanzierung kamen unter anderem von der Kommunistischen Partei. Die KPJ prangerte die ihrer Meinung nach verfassungswidrigen Bestimmungen des GStP an: „Das System der staatlichen Parteienfinanzierung verteilt die Steuergelder von Bürgern an Parteien, die sie noch nicht einmal unterstützen. Dadurch wird die Freiheit des individuellen Gedankens und des Gewissens mit den Füßen getreten. [...] Die Verfassungswidrigkeit ist offensichtlich"[80] (KPJ 2002b).

Zum einen gab es die Meinung, dass die allgemeine[81], nicht auf einer Kompensation von Wahlkampfkosten[82] basierende staatliche Parteienfinanzierung eine Intervention der Staatsgewalt in die Parteiautonomie sei und nicht, wie die Befürworter betonten, eine Unterstützung von Parteien oder eine Regulierung zum Schutz der Parteien (KAMIWAKI 1999b: 120-121). Vertreter dieser Ansicht sahen in den Bestimmungen des GStP eine Verletzung des Art. 21 JV, der die Versammlungs- und Vereinigungsfreiheit, die Freiheit der Rede sowie die Publikationsfreiheit garantiert. Die Bildung politischer Parteien sei in diesem Artikel enthalten[83], so dass ein Eingriff in die finanzielle Situation von Parteien ein Eingriff in die

---

[80] Die KPJ nimmt aus diesem Grund die staatliche Parteienfinanzierung nicht an (KPJ 2003); vgl. dazu Kap. 4.1.1.

[81] Eine dem deutschen Modell entsprechende Parteienfinanzierung (KAMIWAKI 1999b: 120).

[82] Eine an das US-amerikanische Modell angelehnte Parteienfinanzierung (MORI 1994a: 475-476).

[83] Anders als in Deutschland, wo die Stellung von Parteien ausdrücklich in Artikel 21 Grundgesetz (GG) erläutert ist, werden in Japan Parteien lediglich „stillschweigend" in Art. 21 JV eingeführt (MORI 1994b: 6).

verfassungsmäßig geschützte Freiheit von Parteien sei (KAMI-WAKI 1999b: 124-125). Je nachdem, wie das GStP ausgelegt werde, könne dieses Gesetz zur Regulierung der Parteienlandschaft führen, indem Neugründungen von Parteien verhindert oder die Entscheidung der Bürger beeinträchtigt werde (NAGATA 1994: 226). Im Unterschied zur herkömmlichen Beschaffung politischer Gelder und ihrer Regulierung entspreche ein zweckungebundener Zuschuss aus der Staatskasse nicht unbedingt dem politischen Willen des Volkes (NAGATA 1994: 236). Und dies sei ein Verstoß gegen den demokratischen Grundsatz gemäß Art. 1 JV, der besagt, dass die oberste Gewalt beim japanischen Volke liegt (KAMIWAKI 1999b: 126).

Die Zahlung der staatlichen Zuschüsse allein an jene Parteien, die durch ihre Abgeordneten im Parlament vertreten sind und einen Mindestanteil an Wählerstimmen erhalten haben, stelle auch eine Verletzung des Gleichheitsgrundsatzes gemäß Art. 14 JV dar. Auch wenn Parteien eine wichtige Funktion in der Demokratie wahrnähmen und durch sie das Volk sein Recht ausübe, am politischen Willensbildungsprozess teilzunehmen, rechtfertige dies jedoch nicht die staatliche Parteienfinanzierung. Ansonsten müssten auch alle anderen Organisationen, wie z.B. Bürgerverbände oder Medien, die ebenso maßgeblich an der öffentlichen Willens- und Meinungsbildung beteiligt seien, an dieser Subvention teilhaben (NAGATA 1994: 237). Die Bedingungen, die eine politische Organisation zu erfüllen habe, um als Partei anerkannt zu werden, die zur Entegegennahme der staatlichen Parteienfinanzierung berechtigt ist, seien dermaßen eng gefasst, dass selbst Parteien, die im Parlament vertreten sind, unter Umständen die Gelder nicht erhalten dürften (KAMIWAKI 1999b: 308).

Zum anderen wurde von den Kritikern der öffentliche Charakter der Parteien bzw. ihre durch die staatlichen Zuschüsse zu fördernden besonderen Aufgaben innerhalb der parlamentarischen Demokratie angezweifelt (MORI 1994b: 3). Entscheidend ist hierbei die Frage, welche Stellung die politische Partei innerhalb der

Verfassung hat[84]. Während in der Bundesrepublik Deutschland die Partei durch Art. 21 Grundgesetz (GG) in der Verfassung bereits inkorporiert und damit als verfassungsrechtliche Institution anerkannt ist, schweben die japanischen Parteien eher im rechtsfreien Raum. Weder sind sie in der Verfassung erwähnt, noch gibt es ein Parteiengesetz. Jegliche Gesetzgebung bezüglich einer Regulierung oder Förderung von Parteien ist so laut KAMIWAKI (1999b: 211) untersagt und somit die Einführung der staatlichen Parteienfinanzierung nicht gerechtfertigt.

Das Argument, die Kosten der Demokratie müsse auch der Staat tragen, ließen die Gegner der staatlichen Parteienfinanzierung ebenfalls nicht gelten. Besonders die Zweckungebundenheit der staatlichen Zuschüsse verhindere, dass die Gelder wirklich nur für öffentliche Tätigkeiten von Parteien, also ihrem Einsatz für die Willensbildung des Volkes, verwendet würden. Die Gefahr, dass die staatliche Parteienfinanzierung für nicht-öffentliche, parteiinterne Zwecke missbraucht würde und die Parteien sich noch weiter von den Bürgern entfernen, sei groß (KAMIWAKI 1999b: 308).

Der öffentliche Charakter von Parteien und ihrer Aufgaben sei nicht notwendigerweise gegeben, so dass es zu „plump" sei, die Einführung der staatlichen Parteienfinanzierung damit zu rechtfertigen (TACHIYAMA 1994: 217). Auch wenn es in einigen europäischen Ländern als selbstverständlich betrachtet werde, für die Kosten der Demokratie zu bezahlen, so mangele es in Japan bereits an dem Demokratieverständnis bzw. an der Vorstellung, die man von einer Demokratie habe. Während man in Ländern wie Deutschland eine „partizipative Demokratie" (*sanka minshushugi*) vorfände, handele es sich in Japan eher um eine „Publikumsdemokratie" (*kankyaku minshushugi*), in der es die Medien seien, die ein Bild von Politik vermittelten. Darum könne man diese auch als „Image-Demokratie" (*imêji minshushugi*) bezeichnen. Auch die

---

[84] In Deutschland gilt die Partei gemäß Art. 21 GG und §1 Parteiengesetz als Vermittler zwischen Staat und Bürgern, womit ihr eindeutig eine öffentliche Stellung und Aufgabe zugewiesen wird. Ähnliches gilt für Länder wie Spanien, Portugal oder Griechenland (Nagata 1994: 234).

Machthaber selbst führten ihre Politik auf der Grundlage der Informationen aus, die ihnen die Medien lieferten. Hingegen würden in einer partizipativen Demokratie die Bürger die Parteien kontrollieren (MORI 1994a: 473).

Es wurde kritisch hinterfragt, ob die staatliche Parteienfinanzierung nicht als Heilmittel gegen Ermüdungserscheinungen im politischen System eingesetzt werde, denn es sei die Aufgabe jedes Einzelnen, sich um Informationen zu bemühen und dazu auch eigene finanzielle Mittel einzusetzen. Man könne sich nicht nur auf öffentliche Mittel stützen (TACHIYAMA 1994: 200-201). Die Aussage, dass die Parteien aufgrund der steigenden Kosten, insbesondere der wachsenden Werbekosten, auf öffentliche Gelder angewiesen seien, hielt TACHIYAMA (1994: 206) für zynisch:

> *Es ist allgemein bekannt, dass Staatsausgaben, die, angefangen bei der Sozialversicherung und der Bildung, und die unmittelbar das Leben der Bevölkerung betreffen, einer kritischen Prüfung unterworfen und gekürzt wurden. Die wachsende ‚Großzügigkeit' der staatlichen Parteienfinanzierung ist erstaunlich.*

Die Begründung für die Einführung der staatlichen Parteienfinanzierung als Kompensation für die Einnahmen, die durch ein Verbot von Unternehmensspenden wegfallen sollten, war bei Beschluss des GStP hinfällig. Die Hosokawa-Koalition hatte zwar zunächst das generelle Verbot von Unternehmensspenden vorgesehen, aber diese Ankündigung aufgrund des Einwands von fünf der zahlreichen Koalitionsparteien in ein Verbot von Unternehmensspenden an einzelne Politiker abgemildert. Spenden an eine Partei oder an eine politische Organisation blieben vorerst gestattet (OGURI 1994: 185).

4. Auswirkung der staatlichen Parteienfinanzierung

Um die Auswirkungen der staatlichen Parteienfinanzierung zu untersuchen, eignet sich zunächst ein Blick auf die Finanzberichte der Parteien. Ob die staatlichen Zuschüsse für Parteien gemeinsam mit den Reformgesetzen von 1994 einen Einfluss auf die Tätigkeit von Politikern und Parteien hatten und ob die Reformziele erfüllt wurden, wird anschließend beantwortet. Dabei geht es auch um Unzulänglichkeiten der Reformgesetze und allgemeine Kritik an dem gegenwärtigen System.

4.1. Finanzberichte

Bei der Betrachtung der Finanzberichte ist zunächst zwischen dem Bericht zu sämtlichen Einnahmen und Ausgaben politischer Gelder (*seiji shikin shûshi hôkokusho*), der gemäß § 12 GRPG von allen politischen Organisationen vorgelegt werden muss, und dem Bericht zur Verwendung der Mittel aus staatlicher Parteienfinanzierung (*seitô kôfukin no shito hôkokusho*), den gemäß § 17 GStP alle Empfänger anzufertigen haben, zu unterscheiden.

§ 12 GRPG schreibt allen politischen Organisationen vor, jedes Jahr zum 31. Dezember einen ausführlichen Bericht über sämtliche Einnahmen und Ausgaben des betreffenden Jahres sowie über das Vermögen anzufertigen und diesen bis zum 31. März des Folgejahres der zuständigen Behörde, d.h. entweder der Wahlaufsichtskommission (*senkyo kanri iinkai*) der Präfektur oder dem Ministerium für öffentliches Management vorzulegen. Der Bericht muss die Herkunft der Einnahmen, z.B. ob es sich um Mitgliedsbeiträge, um eine Spende oder um Einnahmen aus sonstigen Geschäftstätigkeiten handelt, eine detaillierte Aufschlüsselung der Ausgaben nach dem Verwendungszweck, und genaue Angaben zum Vermögen enthalten.

Wie bereits in Kapitel 3.2 erläutert, sind alle Parteien, die einen Zuschuss aus der Staatskasse erhalten, dazu verpflichtet, einen Bericht über die Verwendung der Gelder zum 31. Dezember eines Jahres anzufertigen und diesen innerhalb der folgenden drei Monate dem Ministerium für öffentliches Management vorzulegen. In beiden Berichten müssen die Parteien bzw. politischen Organisationen den Empfänger der Ausgaben nennen, wenn der ausgegebene Betrag 50.000 Yen übersteigt. Beide Finanzberichte sollen dazu dienen, für mehr Transparenz in der Finanzierung von Politik und Parteien zu sorgen. Aus diesem Grund hat das Ministerium die Pflicht, den Finanzbericht über alle politischen Gelder für einen Zeitraum von drei Jahren und den Bericht über die Verwendung der staatlichen Parteienfinanzierung für fünf Jahre der Öffentlichkeit zugänglich zu machen. Die vollständigen Berichte können im Ministerium bzw. in den Wahlaufsichtskommissionen der Präfekturen eingesehen werden. Eine Zusammenfassung der Finanzberichte eines Jahres veröffentlicht das Ministerium in der Regel im September des Folgejahres. Diese erscheint im Amtsblatt des Ministeriums (*kanpô*) und ist während des gesetzlich vorgeschriebenen Zeitraums von drei bzw. fünf Jahren im Internet einzusehen.

4.1.1. Die staatliche Parteienfinanzierung in den Finanzberichten

Die ersten Finanzberichte über Einnahmen und Ausgaben sowie über die Verwendung der staatlichen Zuschüsse nach Inkrafttreten der politischen Reformen erschienen zum 13. September 1996. Die Berichte über die Verwendung der staatlichen Zuwendungen zeigten, dass von allen im Parlament vertretenen Parteien acht die Gelder angenommen hatten. Zwei Parteien, die KPJ und der Club der zweiten Kammer (*Dai Niin Kurabu*), verweigerten die Annahme. Da die KPJ keinen Antrag zur Anerkennung als juristische Person nach dem neuen GAJP gestellt hatte, wurde der ihr theoretisch zustehende Anteil an der staatlichen Parteienfinanzierung, etwa zwei Milliarden Yen, unter den übrigen Parteien aufgeteilt[85]. Der Club der zweiten Kammer hatte hingegen einen entsprechenden Antrag gestellt, womit sein Anteil von 7,2 Millionen Yen an den Staat zurückfiel.

Zur Begründung ihrer Haltung ließ die KPJ verlautbaren: „Der Bürger wird dazu gezwungen, eine Zuwendung an eine Partei zu tätigen, die er noch nicht einmal unterstützt. Darüber hinaus besteht die Gefahr, dass der Staat sich in politische Aktivitäten einer Partei einmischt. Das ist ein Verstoß gegen die Verfassung, in der die Gedanken- und Gewissensfreiheit sowie die Vereinigungsfreiheit garantiert ist."[86] Zwar liege es nicht in der Absicht der KPJ, dass der ihr zustehende Anteil unter den anderen Parteien aufgeteilt werde, aber einen Antrag auf die Anerkennung als juristische Person zu stellen, käme ihrer Auffassung nach einer Anerkennung des Systems gleich[87]. Der Club der zweiten Kammer kritisierte an dem System der staatlichen Parteienfinanzierung, dass es davon ausgehe, für Politik müsse Geld aufgewendet werden. Um zu verhindern, dass andere Parteien von seinem Verzicht profitierten, ließ sich der Club der zweiten Kammer im Gegensatz zur KPJ als juristische Person anerkennen (ASAHI SHIMBUN 13.09.1996: 21).

Die acht Parteien, die im Jahr 1995 in drei Teilzahlungen[88] die staatliche Parteienfinanzierung annahmen, waren: LDP, SPJ (SDP), PSP, der Liberale Verband (*Jiyū Rengō*; LV), die Neue Fortschritts-

---

[85] Vgl. dazu Kap. 3.2.

[86] Zu den Argumenten der KPJ gegen die staatliche Parteienfinanzierung vgl. Kap. 3.3.

[87] Obwohl die KPJ auf die staatliche Parteienfinanzierung verzichtete, nahm sie mit Einnahmen in Höhe von 31,1 Milliarden Yen die Spitzenposition unter allen Parteien ein. Dies lag hauptsächlich am Verkauf ihrer Publikationen (ASAHI SHIMBUN 13.09.1996: 21).

[88] Im ersten Jahr der staatlichen Parteienfinanzierung galt noch die „Zweidrittelregelung", weshalb 1995 drei Teilzahlungen stattfanden. Später wurden die staatlichen Zuschüsse in vier Tranchen ausgezahlt; vgl. dazu Kap. 3.2. Von der „Zweidrittelregelung" negativ betroffen waren nur die SPJ und der Club der zweiten Kammer, d.h. bei diesen zwei Parteien überstieg der errechnete Betrag der staatlichen Parteienfinanzierung zwei Drittel der gesamten Einnahmen des vorangegangenen Jahres (KAMIWAKI 1999b: 51).

partei (*Shinshintô*; NFP), NVP, DRB und die Bürgerliga (*Shimin Rîga*). Den größten Anteil erhielt die LDP mit fast 13,36 Milliarden Yen, gefolgt von der NFP mit 9,21 Milliarden Yen und der SPJ mit 5,62 Milliarden Yen.

Tabelle 9: Beträge der staatlichen Parteienfinanzierung (Angaben in 1.000 Yen)

Partei	1995	1996	1997	1998	1999	2000	2001
LDP	13.358.744	13.707.506	14.690.761	15.197.294	14.896.749	14.538.016	14.534.576
SDP/SPJ	5.621.678	*4.710.054	2.741.131	2.472.076	2.113.673	2.251.060	2.153.569
PSP	498.681	427.791	338,730	1.674.507	3.332.154	3.122.399	2.898.930
NFP	9.211.175	9.810.643	9.303.977	Spaltung	-	-	-
NVP (GK)	774.039	851.022	380.812	396.327	346.441	279.942	***124.672
DP	ab 9/1996	436.981	2.736.239	5.576.147	6.927.496	7.650.107	8.402.160
LP	ab 1/1996	-	-	2.867.979	2.796.526	2.451.302	2.031.698
Sonstige	722.465	761.217	921.456	3.034.365	979.519	1.099.731	1.246.955
**Gesamt	**30.186.782**	**30.705.215**	**31.113.106**	**31.218.695**	**31.392.558**	**31.392.557**	**31.392.561**

* Umbenennung der SPJ in SDP im Januar 1996
** Durch Auf-/Abrunden der Beträge kann eine Differenz in der Summe entstehen.
*** Umbenennung der NVP in Grüne Konferenz (*Midori No Kaigi*) im Januar 2002.
(Quelle: JICHI SHÔ/SÔMU SHÔ 1997-2002; YASUDA/ TAKADA 2000: 396-397)

Der Verwendungszweck der vom Staat bezogenen Gelder reichte von allgemeinen, alltäglichen Ausgaben (*keijô keihi*) über Ausgaben für politische Aktivitäten (*seiji katsudôhi*) bis hin zur Bildung von Vermögensreserven (*seitô kikin*). Die detaillierten Angaben zeigten, dass von den staatlichen Zuschüssen beispielsweise Personalkosten, die Anschaffung von neuen Computern, Büromieten, aber auch Essen und Getränke für Mitarbeiter sowie Bewirtungskosten abgedeckt wurden (ASAHI SHIMBUN 13.09.1996: 21; KAMIWAKI 1999b: 56-57). Insbesondere die letzteren Verwendungen gaben

Anlass für Kritik an der Zweck*un*gebundenheit der staatlichen Parteieinfinanzierung, denn es gab Parteien, die Besuche in teuren Restaurants oder Friseursalons[89] oder auch die Teilnahmegebühr für Klassentreffen als „Tätigkeit der Partei" deklarierten und diese Ausgaben von den öffentlichen Geldern bezahlten (ASAHI SHIMBUN 13.09.1996: 38).

Außerdem gab es bereits zur Anfertigung dieser ersten Berichte Anhaltspunkte dafür, dass die Angaben nicht unbedingt wahrheitsgemäß gewesen waren. Einige Parteien gestanden sogar ein, dass es beispielsweise einfacher gewesen sei, Ausgaben als Personalkosten zu deklarieren, da diese weniger genau belegt werden müssten als andere Ausgaben[90] (ASAHI SHIMBUN 13.09.1996: 21).

Die LDP hatte 1995 Einnahmen in Höhe von insgesamt 23,55 Milliarden Yen. Die staatliche Parteienfinanzierung, die knapp 13,4 Milliarden Yen betrug, machte also fast 57% der Gesamteinnahmen aus (Abb. 3). Bei den übrigen Parteien schwankte der Anteil der staatlichen Finanzierung zwischen knapp 4% bei der PSP, deren Gesamteinnahmen 13,42 Milliarden Yen betrugen, und 89% beim LV, der insgesamt 178 Millionen Yen eingenommen hatte.

---

[89] Eine Politikerin der NFP hatte unter „Werbekosten" die Rechnung eines Hairstylisten in Höhe von 55.550 Yen verbucht, da sie vor den Fotoaufnahmen für ein Werbeposter der Partei ihre Frisur richten ließ (ASAHI SHIMBUN 13.09.1996: 38).

[90] Schon vor den Reformen hatte es in der Praxis der Finanzberichte zur Politikfinanzierung Kritik gegeben, da die Ausgabenseite viel zu wenig beachtet würde. Es gäbe kein wirksames Kontrollinstrument zur Überprüfung der Richtigkeit der Angaben (UEMURA 1994: 246). Aber auch nach den Reformen gab es Fälle, bei denen die unzulängliche Kontrolle durch die Behörden auffiel. Anlässlich der Recherchen der *Asahi Shimbun* war aufgefallen, dass ein Abgeordneter aus der Präfektur Nara im Bericht zu seinen Einnahmen des Jahres 1996 in der Spalte zu den Unternehmensspenden einen Betrag von 1,8 Millionen Yen eingetragen hatte. Dies wäre ein eindeutiger Verstoß gegen das GRPG. Erst auf Anfrage der Zeitung stellte sich heraus, dass der Politiker die Summe aller Spenden von Einzelpersonen fälschlicherweise in die Spalte der Unternehmensspenden eingetragen hatte (SASAKI et al. 1999: 35-36).

Abbildung 3: Verschiebung der Haupteinnahmequellen am Beispiel der LDP

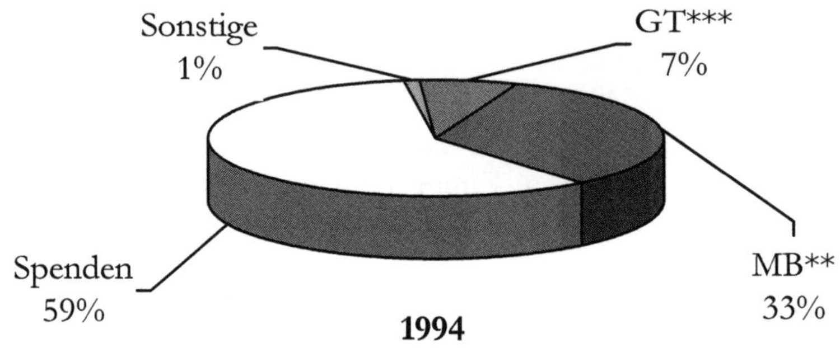

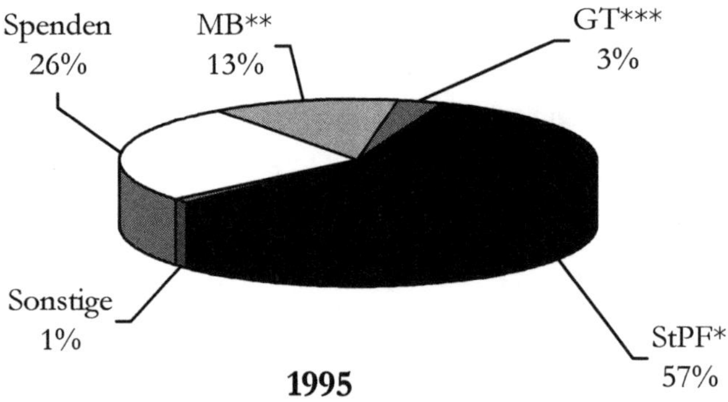

*Staatliche Parteienfinanzierung
**Mitgliedsbeiträge
***Geschäftstätigkeiten (z.B. Verkauf v. Parteipublikationen)
(Quelle: KAMIWAKI 1999b: 56)

1995 sank der Anteil der Einnahmen über Spenden bei fast allen Parteien. So hatte die LDP ein Jahr zuvor noch 59% über Spenden eingenommen, der Spendenanteil sank mit der Einführung der staatlichen Parteienfinanzierung auf 26%. Bei der NFP sank dieser Anteil sogar von 100% auf 6,9%, während der Teil der staatlichen Parteienfinanzierung bei 68,1% lag. Von den Gesamteinnahmen aller Parteien des Jahres 1995 in Höhe von 170,7 Milliarden Yen waren etwa 10 Milliarden Yen über Spenden eingenommen worden, was im Vergleich zum Vorjahr einen Spendenrückgang um rund 40% bedeutete (ASAHI SHIMBUN 13.09.1996: 21; KAMIWAKI 1999b: 56).

Der Grund für diesen plötzlichen Rückgang waren zum einen die neuen, strengeren Bestimmungen für Unternehmensspenden im GRPG und zum anderen die schlechte konjunkturelle Lage. Das ließ die Befürchtung, die Parteien könnten in eine Abhängigkeit von der Staatskasse geraten, zunehmen. Die im September 1998 veröffentlichte Zusammenfassung aller Finanzberichte über die politischen Gelder des Jahres 1997 bestätigte diese Vermutung: 60% der Einnahmen der LDP stammten vom Staat, 49% entsprach der Anteil bei der DP, und bei der NFP nahmen die Einnahmen aus der staatlichen Parteienfinanzierung sogar 85% ein[91] (ASAHI SHIMBUN 11.09.1998: 14).

Parallel zur steigenden Abhängigkeit von der staatlichen Parteienfinanzierung war auch ein Anstieg bei den Einnahmen der Parteien über die Fundraising-Partys zu beobachten (Tab. 10). Waren es 1994 noch 5,9 Milliarden Yen, die über den Verkauf von Party-Tickets eingenommen wurden, so waren es 1995 eineinhalbmal so viel, nämlich 9,1 Milliarden Yen. Die Furcht, dass der eigene Name durch die Herabsetzung der Spendenobergrenze bei einer höheren Zuwendung veröffentlicht wird, schien vor allem die Großspender daran zu hindern, ihre herkömmliche Spendenpraxis weiterzuführen. Aus dem Büro eines LDP-Abgeordneten hieß es hierzu: „Es

---

[91] Die Zusammenfassung der Finanzberichte des Jahres 2001 zeigte, dass die LDP 59% ihrer Einnahmen aus der Staatskasse bezog. Bei der DP betrug der Anteil der staatlichen Parteienfinanzierung 79% (SÔMU SHÔ 2002).

kann nur ein Kandidat im Einerwahlkreis gewinnen. Wenn der Politiker die Wahl verliert, für den man unter Veröffentlichung des Namens gespendet hat, dann hat dies Einfluss auf die Geschäfte." Beim Kauf der Tickets wäre es hingegen einfacher, die Quelle des Geldes zu verschleiern (ASAHI SHIMBUN 13.09.1996: 20).

Tabelle 10: Entwicklung der Einnahmequellen aller Parteien[92]

Jahr	Gesamteinnahmen (Mio Yen)	Staatl. PF (%)	Spenden (%)	Partytickets (%)
1996	166.575	18	29	5
1997	157.584	20	29	7,7
1998	186.501	17	27	6,5
1999	151.756	21	26	8,8
2000	156.862	20	23	8,4
2001	155.910	20	20	9

(Quelle: JICHI SHÔ/SÔMU SHÔ 1997-2002)

Ein Grund für den Anstieg der Einnahmen aus Fundraising-Partys im Jahr 1995 war, dass die Parteizentralen selbst den Ticketverkauf intensivierten. Absicht war es, die Gesamteinnahmen für das Jahr zu erhöhen, um eine günstigere Berechnungsgrundlage für die Regelung zu schaffen, nach der eine Partei nicht mehr als zwei Drittel der Gesamteinnahmen des Vorjahres als Betrag aus der Staatskasse erhalten darf (ASAHI SHIMBUN 13.09.1996: 20). Ende 1995 wurde diese Regelung abgeschafft (vgl. 3.2).

Ab 1996 wurden die zu Beginn des Jahres ermittelten Beträge der staatlichen Parteienfinanzierung in vier Teilen im Mai[93], Juli, Oktober und Dezember ausgezahlt. Von den elf Parlamentsparteien,

---

[92] Hier handelt es sich nur um die Einnahmen, die von den Parteizentralen an das Innenministerium gemeldet wurden. Angaben der lokalen politischen Organisationen sind hier u.a. deshalb nicht berücksichtigt, weil die staatliche Parteienfinanzierung ausschließlich an die Parteizentralen gezahlt wird.

[93] Ursprünglich war der April für die erste Zahlung vorgesehen. Da sich aber die Aufstellung des Etats bis in den Mai hineinzog, fand die erste Zahlung im Mai statt (KAMIWAKI 1999b: 61).

welche die im GStP vorgeschriebenen Kriterien erfüllten, legten zehn Parteien ihre Anträge zur Berechnung der staatlichen Parteienfinanzierung vor. Wieder war es die KPJ, die auf diesen Schritt verzichtete. Der Club der zweiten Kammer legte den Antrag zwar vor, unternahm danach jedoch keine Schritte, um den errechneten Betrag in Empfang zu nehmen. Zu den ersten drei Terminen des Jahres erhielten die folgenden neun Parteien die staatliche Subvention: LDP, SDP, DRB, die Neue Sozialistische Partei (*Shin Shakaitô*; NSP), NFP, NVP, PSP, LV und die Bürgerliga. Die LDP führte die Liste mit 3,39 Milliarden Yen für die erste Teilzahlung wieder an, gefolgt von der NFP mit 2,46 Milliarden Yen und der SDP mit 1,27 Milliarden Yen.

1996 fanden am 21. Oktober Wahlen zum Unterhaus statt, so dass anschließend eine Neuberechnung der staatlichen Parteienfinanzierung durchgeführt werden musste. Zum letzten Zahltag der staatlichen Zuschüsse im Dezember 1996 gab es zwar auch neun Parteien als Empfänger, aber die Bürgerliga hatte sich zwischenzeitlich aufgelöst, während die im September 1996 gegründete Demokratische Partei (*Minshutô*; DP)[93] als neue Partei hinzugekommen war. Der LV und die NSP konnten nach den Wahlen die Kriterien zur Anerkennung als politische Partei im Sinne des GStP nicht mehr erfüllen. Sie erhielten jedoch zum Dezember 1996 eine Sondersubvention (*tokutei kôfukin*).

Die Gesamtsumme der staatlichen Parteienfinanzierung für 1996 belief sich auf knapp 30,7 Milliarden Yen, was laut Zusammenfassung des *Sômu Shô* aller Finanzberichte zu den politischen Geldern etwa 18% der Gesamteinnahmen aller Parteien in Höhe von 166,6 Milliarden Yen ausmachte. Bei sieben der neun Parteien betrug der Anteil der staatlichen Gelder mehr als die Hälfte ihrer Gesamteinnahmen (KAMIWAKI 1999b: 62-67).

---

[93] Aus Unzufriedenheit über die Koalition von LDP, SPJ (SDP) und NVP verließen einige SPJ- und NVP-Abgeordnete ihre Parteien. Auf Initiative der ehemaligen NVP-Abgeordneten Hatoyama Yukio und Kan Naoto schlossen diese sich zur Demokratischen Partei (DP) zusammen (CURTIS 1999: 193).

Die schlechte wirtschaftliche Lage führte in den folgenden Jahren zu einem weiteren Rückgang der Spenden von Unternehmen und Organisationen. Im Jahr 1998 fielen diese Spenden um 4,6% zurück auf ein Niveau, das etwa nur noch ein Drittel des Spendenvolumens zu Beginn der 1990er Jahre ausmachte. Dies trug ein weiteres Mal dazu bei, dass die Parteien sich auf die sichere Form der Geldeinnahme, nämlich die staatliche Parteienfinanzierung, verließen. Die ASAHI SHIMBUN kommentierte: „Für die Parteien sind die vom Staat verteilten Subventionen eine wertvolle Einnahmequelle, die nicht von der wirtschaftlichen Lage beeinflusst wird" (10.09.1999: 2).

Im Ausgabenverhalten der Parteien ist mit den Jahren ebenfalls eine Veränderung zu erkennen. 1997 fingen die Parteien verstärkt an, die Gelder aus der staatlichen Parteienfinanzierung nicht sofort auszugeben, sondern Rücklagen zu bilden. Ein praktischer Grund für die Rücklagen war, dass alle nicht verbrauchten, staatlichen Zuschüsse gemäß § 33 GStP am Ende eines Jahres dem Staat zurückgezahlt werden müssen und nur durch das Anlegen als Vermögensreserve ins darauffolgende Jahr hinübergerettet werden können. Wichtiger war jedoch die Tatsache, dass die Spendeneinnahmen sanken und die Parteien in Zeiten ohne Wahlen für die Ausgaben in Wahljahren sparen wollten. So hatte beispielsweise die LDP 1996 Rücklagen in Höhe von 2,6 Milliarden Yen gebildet, aber am Ende des Jahres 1997 waren die Reserven auf 8,3 Milliarden Yen angestiegen. Ebenso hatten die anderen Parteien 1997 ihre Vermögensreserven vervielfacht (ASAHI SHIMBUN 11.09.1998: 14).

Eine weitere Besonderheit war den Finanzberichten des Jahres 1998 zu entnehmen. Im Dezember 1997 hatte sich die erst im Dezember 1994 gegründete NFP aufgelöst[94]. Es wurden im Januar

---

[94] Die NFP war aus einem parteiübergreifenden Zusammenschluss (*kaiha*) von EP, NPJ, DSP und einigen Abgeordneten der PSP mit dem Ziel entstanden, eine Partei zu gründen, die ein starkes Gegengewicht zur LDP bilden könnte. Anfangs schien diese Rechnung aufzugehen, zumal über 200 Parlamentsabgeordnete ihr angehörten. Unter ihnen waren prominente Politiker, wie die Ex-

1998 sechs neue Parteien gegründet: die Liberale Partei (*Jiyûtô;* LP) unter Ozawa, die Neue Friedenspartei (*Shintô Heiwa*), der Club der Morgendämmerung (*Reimei Kurabu*), die Neue Freundschaftspartei (*Shintô Yûai*), die Stimme des Volkes (*Kokumin No Koe*) und der Reformclub (*Kaikaku Kurabu*) (KLEIN 1998: 255). Hinsichtlich der staatlichen Parteienfinanzierung stellt sich nun die Frage, was mit den Restbeträgen der an die NFP ausgezahlten, öffentlichen Gelder geschehen sollte. Die Finanzberichte von 1998 zeigten, dass der Restbetrag in Höhe von 8,08 Milliarden Yen unter den sechs neuen Parteien nach der Anzahl der Abgeordneten, die von der NFP in die jeweilige neue Partei eintraten, aufgeteilt wurde (KAMIWAKI 1999b: 74).

Dies bedeutet allerdings, dass die für die politischen Aktivitäten der Partei gedachte Staatsfinanzierung an die einzelnen Abgeordneten weitergeleitet wurde. Es blieb aber nicht nur dabei. Die Partei „Stimme des Volkes" löste sich bereits am 22. Januar 1998 wieder auf. Die ehemaligen Abgeordneten der NFP, die diese Partei gegründet hatten, schlossen sich mit der von Hata Tsutomu gegründeten Taiyô Partei (*Taiyôtô*) und der Partei From Five (*Furomu Faibu*) zur Guten Regierungspartei (*Minseitô*) zusammen (KLEIN 1998: 256). Die ehemaligen NFP-Abgeordneten brachten als „Mitgift" ihren Anteil an dem Restvermögen aus der staatlichen Parteienfinanzierung in die neu gegründete Partei mit ein, verwendeten nach eigenen Angaben in den Finanzberichten diese Gelder nicht für die Zwecke der *Minseitô*, sondern für die Aktivitäten in ihren Parteifilialen. In den Reihen dieser Abgeordneten betonte man: „Da es sich um eine unvorhergesehene Auflösung der Partei gehandelt hat, verwenden wir diese Gelder, um eine neue Politik zu

---

Premierminister Kaifu, Hata und Hosokawa. Zum ersten Vorsitzenden in der Parteigeschichte der NFP wurde Kaifu gewählt, während Ozawa den Posten des Generalsekretärs der NFP antrat. Aber aufgrund innerparteilicher Machtkämpfe verließ zunächst Hata im Dezember 1996 mit weiteren zwölf Abgeordneten die Partei und gründete die Taiyô Partei (*Taiyôtô*). Einige NFP-Abgeordnete suchten den Weg zurück zur LDP. Ozawa, der mittlerweile zweimal zum Parteivorsitzenden gewählt worden war, verließ schließlich auch die NFP und gründete im Januar 1998 die Liberale Partei (*Jiyûtô;* LP) (CURTIS 1999: 192-193).

betreiben" (ASAHI SHIMBUN 10.09.1999: 7). Auch wenn in diesem Fall die Aufteilung der Gelder nicht gegen das GStP verstieß, zeigt dieses Beispiel doch die scheinbar gängige Einstellung, bei den Beträgen aus der staatlichen Parteienfinanzierung handele es sich um Geld für Abgeordnete[95].

4.1.2. *Entwicklung des Systems politischer Gelder nach den Reformen*

Die staatliche Parteienfinanzierung nahm in den ersten Jahren ihrer Anwendung eine zunehmend wichtiger werdende Rolle für die Parteien ein. Die Berichte zur gesamten Finanzierung politischer Aktivitäten der Jahre 1995 bis 2001 gaben Aufschluss über die übrigen Veränderungen im System politischer Gelder nach dem Inkrafttreten der Reformgesetze. Hinsichtlich des Systems der Politikfinanzierung zeigte bereits die Zusammenfassung der Finanzberichte durch das Innenministerium im zweiten Jahr nach den Reformen von 1994, dass sich die Parteifilialen zu einer zusätzlichen „Geldbörse" (*saifu*) für die Politiker entwickelten.

Die Parteifilialen waren im Zuge der Einführung des neuen Wahlsystems von den Parteien in den Einerwahlkreisen gegründet worden. Es stellte sich heraus, dass in vielen Fällen die Kandidaten des Wahlkreises den Posten des Vorsitzenden der entsprechenden Parteifiliale einnahmen und sie sogar das Büro der Parteifiliale als Büro ihrer persönlichen Unterstützungsorganisation nutzten. Im Falle eines LDP-Politikers wurden zwei Sekretäre in seinem Heimatwahlkreis, die zuvor von lokalen Unternehmen bezahlt worden waren, zu Mitarbeitern der Parteifiliale ernannt, um deren Perso-

---

[95] Als am 3. April 2000 Abgeordnete aus der LP austraten und in die Konservative Partei (*Hoshutô*; KoP) wechselten, kam es zu einem Disput über die öffentlichen Gelder aus der staatlichen Parteienfinanzierung. Die KoP war der Ansicht, es handele sich um eine Spaltung der Partei, so dass diese unter den Abgeordneten aufgeteilt werden müsste. Die LP sah es jedoch als Verlassen der Partei, in diesem Fall sieht das GStP keine Aufteilung vor, und weigerte sich, die Gelder aufzuteilen. Es gab im Zuge dessen sogar Forderungen nach einer staatlichen Politikerfinanzierung anstatt der Parteienfinanzierung (Interview mit dem LDP-Unterhausabgeordneten SHIOZAKI Yasuhisa am 18.07.2000).

nalkosten vom Parteibudget, d.h. größtenteils von der öffentlichen Finanzierung, bestreiten zu können. Ferner gab es 46 Fälle, in denen die Vorsitzenden einer Parteifiliale vom Konto der Parteifiliale eine „Spende" an ihre eigene Spendensammelorganisation überwiesen. Da die Spendensammelorganisationen seit der Reform des GRPG von einem Unternehmen nur Spenden bis zu einer Höhe von 500.000 Yen empfangen durften, während die Spenden an die Partei bzw. Parteifiliale unbegrenzt blieb, lag die Vermutung nahe, dass die Begrenzung der Spenden durch Unternehmen auf diese Weise umgangen wurde.

Begünstigend für die Politiker wirkt die Tatsache, dass die Finanzberichte der Parteifilialen an die Wahlaufsichtskommission der jeweiligen Präfekturen gehen und die Herkunft der Gelder schwer überprüft werden kann. Bei Einsicht in die Finanzberichte bei den Präfekturen stellte man fest, dass über 65% der Unternehmens- und Organisationsspenden an die Parteifilialen über dem Grenzbetrag von 500.000 Yen lagen. Außerdem zeigte sich die Tendenz einer Verlagerung der Adressaten der Unternehmensspenden von Spendensammelorganisationen hin zu den Parteifilialen (ASAHI SHIMBUN 19.09.1997: 19).

Bestätigt wurde diese Vermutung durch die Politikfinanzierungsstudie der *Asahi Shimbun* im Jahr 1998. Darin wurde die Einnahmen- und Ausgabensituation von 384 Abgeordneten, die bei den Unterhauswahlen von 1996 in Einerwahlkreisen kandidiert und entweder durch den Sieg im Einerwahlkreis oder über eine Doppelkandidatur im Verhältniswahlkreis ein Mandat bekommen hatten, untersucht (SASAKI et al. 1999: 4). Dabei wurde der Schwerpunkt auf die finanziellen Transaktionen der drei Organisationen gelegt, die einen Politiker unmittelbar umgeben - d.h. Spendensammelorganisation, Parteifiliale und persönliche Unterstützungsorganisation. Ergebnis der Studie war, dass viele Politiker über drei „Geldbörsen" verfügten, obwohl ihnen laut Gesetz nur die Spendensammelorganisation zustand (SASAKI et al. 1999: 16).

Als zweite Empfangsadresse für finanzielle Mittel fungierte, insbesondere bei LDP-Politikern, die Parteifiliale im Einerwahlkreis (*shôsenkyoku shibu*). Im Durchschnitt bestand die Hälfte der Einnahmen aller LDP-Parteifilialen aus Spenden, von denen über 60% von Unternehmen stammten. Davon überschritten rund 62% den zulässigen Betrag von 500.000 Yen, der für Spenden von Unternehmen an einen Politiker bzw. seine Spendensammelorganisation galt. Der Durchschnitt der Spenden an eine Parteifiliale im Einerwahlkreis durch ein Unternehmen lag bei 1,62 Millionen Yen, was mehr als das Dreifache der erlaubten Summe war (SASAKI et al. 1999: 22-23).

Ferner stellte sich heraus, dass nicht nur in den Einerwahlkreisen, sondern auch auf regionaler Ebene neue Parteifilialen gegründet wurden, um ein zusätzliches „Auffangbecken" (*ukezara*) für Spenden zu haben. Dies wird am Beispiel des späteren Premierministers Obuchi Keizô[96] (LDP) deutlich. Unter seiner Leitung wurde im Juni 1995 die regionale Parteifiliale „LDP-Parteifiliale zur Heimatförderung in der Präfektur Gunma" (*Jimintô Gunma Ken Furusato Shinkô Shibu*) gegründet. Diese hatte 1996 Einnahmen von insgesamt 43 Millionen Yen, die komplett an die persönliche Unterstützungsorganisation Obuchis und für seine Wahlkampfaktivitäten gespendet wurden. Von dem Betrag waren 33,44 Millionen Yen Spenden von Unternehmen und Organisationen, wobei sieben von 72 Unternehmen jeweils über eine Million Yen gespendet hatten. Die Tatsache, dass diese Parteifiliale weder Personalkosten noch andere Ausgaben für ihren Unterhalt aufwies, zeigte, dass sie nur als Kanal für die Umgehung der Gesetze diente und die Funktion einer Spendensammelorganisation erfüllte (SASAKI et al. 1999: 24-25). Verstärkt wurde diese Tendenz durch das Verbot von Spenden durch Unternehmen oder Gewerkschaften an die Spendensammelorganisation eines Politikers, das 1999 in das

---

[96] Obuchi wurde am 24. Juli 1998 zum Premierminister gewählt (CURTIS 1999: 215). Er fiel Anfang April 2000 nach einem Hirnschlag ins Koma. Am 5. April wurde Mori Yoshirô zu seinem Nachfolger gewählt. Obuchi verstarb am 14. Mai 2000.

GRPG aufgenommen wurde und 2000 in Kraft trat (ASAHI SHIMBUN 14.09.2001: 7).

Die dritte „Geldbörse" eines Politikers war schließlich seine persönliche Unterstützungsorganisation. Im Fall der LDP hatte eine Unterstützungsorganisation im Durchschnitt 12,95 Millionen Yen von externen Finanzquellen erhalten. Bei der NFP waren es 8,57 Millionen Yen, bei der DP 8,06 Millionen Yen und bei der SDP 1,59 Millionen Yen, die jeweils eine Unterstützungsorganisation durchschnittlich gesammelt hatte[97]. Die Haupteinnahmequellen waren bei diesen die Fundraising-Partys. So bestritt eine LDP-Unterstützungsorganisation durchschnittlich 49% ihrer Einnahmen über den Verkauf von Party-Tickets, bei einer NFP-Unterstützungsorganisation waren es im Schnitt sogar 76%. Dies war auch ein Nachweis dafür, dass die Fundraising-Partys eine wachsende Rolle als „Geldsammelmaschinerie" (*shûkin mashin*) spielten (SASAKI et al. 1999: 28-30).

4.2. Auswirkung auf die politische Arbeit

Die Einführung der staatlichen Parteienfinanzierung, kombiniert mit der reformierten Regulierung politischer Gelder und des neuen Wahlsystems, sollte die Politik dahingehend verändern, dass der Geldbedarf verringert und eine partei- und sachorientierte anstelle einer politiker- und geldorientierten Politik betrieben wird. Ferner sollte Korruption bekämpft werden, indem die bis dahin übliche Form der Finanzierung von Parteien strenger reguliert und gleichzeitig für mehr Transparenz im Politikfinanzierungssystem gesorgt wird.

Die Transparenz der politischen Finanzaktionen ist tatsächlich verbessert worden. Es ist im reformierten System leichter, den Fluss der finanziellen Mittel an und von Parteien bzw. Politikern zu verfolgen, da grundsätzlich nur noch vier Arten von Organisa-

---

[97] KPJ-Politiker verfügen über keine persönlichen Unterstützungsorganisationen (SASAKI et al. 1999: 28).

tionen beteiligt sind: die Partei, die Finanzverwaltungsorganisation einer Partei, die Spendensammelorganisation eines Politikers und die persönlichen Unterstützungsorganisationen (SASAKI et al. 1999: 209). Es erfordert zwar immer noch einen erheblichen Aufwand, die komplexen Geldflüsse zwischen Politikern, Parteien und den übrigen Teilen der Gesellschaft nachzuvollziehen (KÖLLNER 2000: 156). Es ist aber - wie die Untersuchung der *Asahi Shimbun* zeigt - möglich. Auch früher sei es mit einem Antrag möglich gewesen, in die Finanzberichte einzusehen. Aber es wäre unmöglich gewesen zu unterscheiden, welche Organisation zu welchem Politiker gehörte (YOSHIDA Shin'ichi, politischer Journalist, im Interview am 07.07.2000).

Die Herabsetzung des Betrags, ab dem die Namen der Spender veröffentlicht werden müssen, hat ebenfalls dazu geführt, einen besseren Einblick in die Finanzen zu bekommen. Allerdings ist es schwierig, eine Aussage darüber zu machen, inwieweit Politiker und Parteien diese größere Transparenz und die strengeren Sanktionen bei einem Gesetzesverstoß fürchten und die neuen Bestimmungen einen Einfluss auf die politischen Aktivitäten haben.

Die Entwicklung der Gesamteinnahmen und -ausgaben aller Parteien (Abb. 1/Abb. 2) weist erhebliche Schwankungen auf. Bei den Einnahmen ist für die letzten Jahre ein Abwärtstrend zu beobachten, der sich durch die schwache konjunkturelle Lage und den damit verbundenen Rückgang an Spenden erklären lässt. Eine Ausnahme bildet dabei das Jahr 1998, in dem, entgegengesetzt zum Trend, plötzlich ein Anstieg auf die Rekordsumme von 186,5 Milliarden Yen zu verzeichnen ist. Bei diesem Phänomen ist jedoch zu beachten, dass in der Einnahmenberechnung durch die Aufteilung des Kapitals der Ende 1997 aufgelösten[98] NFP auf sechs neue Parteien etwa 17 Milliarden Yen doppelt berücksichtigt wurden. Zieht man diesen Betrag ab, dann erreichen die Gesamteinnahmen mit 169,5 Milliarden Yen ein Niveau, das durchaus im Trend liegt (ASAHI SHIMBUN 10.09.1999: 2).

---

[98] Vgl. dazu Kap. 4.1.1.

Hinsichtlich der Ausgaben ist zu bemerken, dass gerade nach dem Inkrafttreten der Reformgesetze von Jahr zu Jahr starke Schwankungen zu beobachten sind. Die Schwankungen lassen sich durch das oben dargelegte Verhalten der Parteien, für Wahlzeiten[99] zu sparen, erklären. Es ist offensichtlich, dass in den letzten Jahren die Parteien von den staatlichen Geldern verstärkt Rücklagen gebildet haben, um diese in den Wahljahren nutzen zu können. Der Finanzbericht von 2000 (SÔMU SHÔ 2001) zeigte deutlich, dass 1999 die Ausgaben zurückgehalten worden waren, um zu den Unterhauswahlen im Juli 2000 mehr Kapital bereitstellen zu können: „1999 wie eine Ameise gespart, 2000 wie eine Grille verprasst" (ASAHI SHIMBUN 14.09.2001: 5).

Nicht von der Hand zu weisen ist, dass die schlechte wirtschaftliche Lage die Finanzsituation jedes einzelnen Politikers negativ beeinflusst und somit eine Verschiebung seiner Einnahmequellen stattgefunden hat. Ähnlich wie schon 1989 legten im Jahr 2002 einige Abgeordnete der LDP und der DP freiwillig ihre finanziellen Verhältnisse offen. Im Fall des jungen LDP-Abgeordneten Mizuno Ken'ichi sind die Fundraising-Partys zur größten Einnahmequelle geworden. Der Erlös aus Ticket-Verkäufen nimmt mit 25,75 Millionen Yen mehr als ein Drittel seiner Gesamteinnahmen von 64,05 Millionen Yen ein. Der nächstgrößte Posten ist bei ihm die staatliche Parteienfinanzierung mit 20 Millionen Yen, was immerhin noch ein knappes Drittel seiner Einnahmen ausmacht. Dann folgen die Zuwendungen der Partei und der Faktion sowie anderer Parlamentarier in Höhe von insgesamt 14 Millionen Yen. Über seine Spendensammelorganisation nahm Mizuno im Jahr 2001 lediglich 2,26 Millionen Yen an parteiexternen Spenden ein. Die Rangfolge der verschiedenen Einnahmequellen ist möglicherweise nicht repräsentativ für alle Abgeordneten, aber der Spendenrückgang kann als typisch für die gegenwärtige Finanzsituation eines Politikers bezeichnet werden. Wie bereits im vorangegangenen Kapitel erläutert, wird anhand dieses Beispiels deutlich, dass

---

[99] Zu den hohen Ausgaben zu Wahlzeiten: vgl. Kap. 2.2.

Politiker wie in der Vergangenheit auch neue Weg gefunden haben, trotz der Beschränkungen durch das GRPG und der sinkenden Spenden an die benötigten Finanzmittel zu gelangen (JA 2002b: 318-319).

Die Fundraising-Partys sind mittlerweile nicht nur für einzelne Politiker, sondern auch für die Faktionen zu einer unverzichtbaren Einnahmequelle und somit zu einem Machtinstrument der Faktionen geworden. Die Zusammenfassung der Finanzberichte des Jahres 2000 (SÔMU SHÔ 2001) offenbarte, dass die durch die Einerwahlkreise geschwächten Faktionen der LDP Einnahmen in Millionenhöhe durch den Verkauf von Party-Eintrittskarten hatten und diese im Wahljahr 2000 zur Unterstützung ihrer Kandidaten einsetzten. Spitzenreiter war hierbei die Hashimoto-Faktion, die bei einer Party im November 2000 auf Einnahmen in Höhe von 300 Millionen Yen kam (ASAHI SHIMBUN 14.09.2001: 5).

Die politische Arbeit ist durch die staatliche Parteienfinanzierung nicht in dem Maße beeinflusst worden, wie es die Reformbefürworter gehofft hatten. Politiker und Parteien haben trotz der garantierten Einnahmen durch die Staatsfinanzierung nicht damit aufgehört, um Spenden in der Wirtschaft zu werben. In den vom *Sômu Shô* veröffentlichten Finanzberichten des Jahres 2000 entdeckte man noch 37 Abgeordnete, die verbotenerweise Unternehmensspenden entgegengenommen hatten. Das Verbot von Unternehmens- und Organisationsspenden an einzelne Politiker war zwar am 1. Januar 2000 in Kraft getreten, aber den Abgeordneten war zugestanden worden, dass in den ersten drei Monaten eine solche Spende noch ohne Sanktion bliebe. Viele Abgeordnete nutzten diese Karenzzeit, um von den Unternehmen noch Spenden in Empfang zu nehmen (ASAHI SHIMBUN 14.09.2001: 1).

Durch die rückläufigen Spenden sind Parteien zwar gewissermaßen abhängig von den staatlichen Zuschüssen, aber ein Eingriff durch den Staat in die Parteienaktivitäten, eine „Verstaatlichung" von Parteien, ist derzeit nicht festzustellen. Der lockere Umgang mit diesen Geldern in den ersten Jahren ist ein Beweis hierfür. Für die meisten Parlamentarier sind die öffentlichen Gelder eine willkommene Zusatzeinnahme. Das ist auch der Grund dafür, dass sich parteilose Politiker im Parlament zu einer Partei im Sinne des GStP zusammenschlossen, ohne eine gemeinsame Politik oder Ideologie zu teilen. Am 25. Dezember 1998 legten fünf parteilose Oberhausabgeordnete[100] den Antrag zur Anerkennung als Partei mit dem Namen „Club des Oberhauses" (*Sangiin Kurabu*)[101] vor. Zur Erklärung hieß es: „Eigentlich besteht nicht unbedingt die Notwendigkeit zur Gründung einer Partei. Außerdem betrachten wir die staatliche Parteienfinanzierung als problematisch. Aber es ist auch eine Tatsache, dass wir nicht umhin können, unter den geltenden Rahmenbedingungen zu einer Partei zu werden und die Subvention entgegenzunehmen, um in der derzeitigen Situation die Aktivitäten des innerparlamentarischen Zusammenschlusses (*kaiha*) realisieren zu können, ohne von den Interessen irgendeiner Seite eingenommen zu werden" (MUSHOZOKU 2003).[102]

Die staatliche Parteienfinanzierung wurde auch eingeführt, um die Rolle der Parteien gegenüber einzelnen Politikern oder Faktionen zu stärken. Dies scheint mit der Reform nicht gelungen: „Das Wahlsystem und die Regulierung der Finanzierung von politischen Aktivitäten wurde reformiert, auch um die Partei zu stärken. Aber die Systeme schlagen in Japan einfach keine Wurzeln. Mittlerweile denke ich, dass wir eine Diskussion geführt haben, die nicht zu Japan passt" (TAKEMURA Masayoshi, Parteivorsitzender der NVP, im Interview am 18.07.2000). IGARASHI (1997: 39) ist der

---

[100] Bereits im Juli 1998 hatten sich elf parteilose Abgeordnete des Oberhauses als „Oberhaus Versammlung" (*Sangiin No Kai*) zu einer Fraktion (*kaiha*) zusammengeschlossen. Fünf von diesen elf Parlamentariern gründeten einige Monate darauf die neue Partei (MUSHOZOKU 2003).

[101] Im Dezember 1999 schlossen sich der Partei vier parteilose Unterhausabgeordnete an. Der Name der Partei wurde anschließend geändert in „Versammlung der Parteilosen" (*Mushozoku No Kai*; wörtlich: Versammlung der Nicht-Zugehörigen).

[102] Aus dem gleichen Grund, wenn auch nicht von einem derart eindeutigen Kommentar begleitet, schlossen sich nach der Unterhauswahl 2003 fünf parteilose Unterhausabgeordnete zur „Reformgruppe" (*Kaikaku Gurūpu*) zusammen.

Ansicht, dass das neue Wahlsystem die Personenorientierung bei der Wählerwerbung gefördert habe. Bei einer Doppelkandidatur in Einer- und Verhältniswahlkreis kann die Quote, wie knapp ein Kandidat im Einerwahlkreis verloren hat, darüber entscheiden, ob er über die Parteiliste in das Parlament einziehen kann. Deswegen seien die Kandidaten noch mehr als zuvor darum bemüht, sich selbst so gut es geht im Wahlkreis zu „verkaufen". „Parteizugehörigkeit und -programm gerieten so in den Hintergrund, die programmatischen Unterschiede zwischen den Programmen verschwanden" (KLEIN 1998: 273).

Es brauchten demnach nicht zwei Kandidaten derselben Partei gegeneinander anzutreten, um einen „Kampf zwischen Kameraden" (*dôshi uchi*) auszufechten, der durch das Mehrheitswahlprinzip in Einerwahlkreisen verhindert werden sollte. Selbst die ehemalige SPJ hatte nach Ansicht maßgeblicher Politikwissenschaftler einen solchen Paradigmenwechsel vollzogen, dass es mit Ausnahme der KPJ kaum eine nicht-konservative Partei gab (IGARASHI 1997: 63). Die Gefahr, dass im Wahlkreis wieder eine von Geld dominierte Politik gepflegt wird, existierte somit weiter.

Es gibt auch Stimmen, die die Ursachen für die personenorientierte Politik im Wählerverhalten sehen. „For many people, the act of voting was not so much an exercise of individual political choice as much as an expression of solidarity with the community or a way to return a favor (*giri*) incurred to someone who was involved in the election campaign." (CURTIS 1999: 222) Japanische Wähler, insbesondere die außerhalb der Ballungsgebiete, entscheiden demnach oft nicht nach der Partei und ihrem Programm, sondern nach Sympathie oder Pflichtgefühl für einen bestimmten Kandidaten[103]. Aus diesem Grund ist die Zustimmung für eine staatliche Parteienfinanzierung in der japanischen Bevölkerung nicht sonderlich groß. Eine im April 1997 landesweit durchgeführte Umfrage der Nachrichtenagentur *Kyôdô* ergab, dass 55% der Bevölkerung der Ansicht waren, „Parteien und Politiker sind nicht

---

[103] Vgl. dazu auch Kap. 2.2.

vertrauenswürdig und sollten deshalb nicht mit Steuergeldern bezahlt werden". 35% der Befragten befürworteten die staatliche Parteienfinanzierung zwar nicht, waren jedoch der Meinung, dass es „nicht anders gehe" (KAMIWAKI 1999b: 108).

4.3. Allgemeine Kritik an der gegenwärtigen Praxis der Politikfinanzierung

Eine Regulierung der Politikfinanzierung gibt es in jedem demokratischen Staat, wobei folgende vier Elemente stets enthalten sind: 1) eine qualitative Einschränkung, 2) eine quantitative Einschränkung, 3) Transparenz und 4) Sanktionen bei Verstößen gegen die Regulierung (UZAKI 1994: 162). Im Falle Japans sind alle Elemente enthalten. Wie oben erläutert, ist durch die Reform ein höherer Grad an Transparenz erreicht worden. Transparenz allein reicht jedoch nicht aus um zu verhindern, dass bestehende Einschränkungen wieder durchbrochen oder dass Lücken im Gesetz gefunden werden, durch die man die Bestimmungen umgehen kann. Auch drohende Sanktionen scheinen heute einzelne Politiker nicht davon abzuhalten, gegen die gesetzlichen Regulierungen zu verstoßen.

Auch nach dem Inkrafttreten der Reformen kam es zur Aufdeckung zahlreicher Fälle von Korruption. Ein prominenter Fall war jener des ehemaligen LDP-Abgeordneten Nakajima Yôjirô. Nakajima war Abgeordneter im Wahlkreis 3 der Präfektur Gunma. Die Parteifiliale seines Wahlkreises verfügte 1997 über 10 Millionen Yen aus der staatlichen Parteienfinanzierung. Im September 1998 wurde bekannt, dass Nakajima von diesem Betrag 8,5 Millionen Yen für nicht-politische Zwecke benutzt und dafür Belege gefälscht hatte. Ferner wurde er beschuldigt, 26 Millionen Yen, die seine Faktion an seine Unterstützungsorganisation geleitet hatte, nicht für die Deckung von Personalkosten in dieser Organisation verwendet zu haben, wie seine Belege es vorgaben. Es bestand der Verdacht, dass er mit diesen Mitteln Auslandsreisen finanziert oder diese für andere private Zwecke missbraucht hatte. Nakajima wurde Ende Oktober 1998 wegen des Verdachts auf Verstoß gegen das GRPG und das GStP verhaftet. Er war der erste Politiker, der wegen eines Verstoßes gegen das GStP angeklagt wurde.

Der Fall Nakajima zog noch weitere Kreise. Im Zuge der Ermittlungen wurde bekannt, dass er in seiner Heimat 20 Millionen Yen an Kommunalpolitiker zwecks Stimmenkaufs für die Unterhauswahl im Jahr 1996 gezahlt hatte. Von den staatlichen Geldern hatte er allein 3,7 Millionen Yen verwendet, um die Schmiergeldzahlungen auszugleichen. Die dritte Anklage warf ihm vor, im Jahr 1996 Bestechungsgelder angenommen zu haben, als er parlamentarischer Staatssekretär im Verteidigungsministerium war. Schließlich habe Nakajima noch vorgetäuscht, zwei Sekretäre zu beschäftigen, für die er vom Staat Personalkosten erhielt (KAMIWAKI 1999b: 2-3). Nakajima wurde im Juli 1999 zu einer Bewährungsstrafe von zwei Jahren und sechs Monaten verurteilt. Das Revisionsurteil setzte die Strafe auf zwei Jahre herab[104].

Das Urteil im Fall Nakajima hat zwar gezeigt, dass die Sanktionen des GRPG und des GStP greifen, aber es machte gleichzeitig auch deutlich, dass bei einem Verstoß eines Einzelnen gegen das GStP hauptsächlich eine Bestrafung des Zuwiderhandelnden vorgesehen ist[105]. Dies hindert die Partei daran, ihre Politiker und deren Finanzgebaren zu kontrollieren. Schließlich zeigt es auch, dass die Ungebundenheit der Mittel negative Seiten hat. Mit dem Nakajima-Fall bewahrheitete sich, was UZAKI (1994: 161) bereits vor Einführung der staatlichen Parteienfinanzierung geschrieben hatte:

Solange das Bewusstsein der Politiker und Parteien fehlt, die Gelder zur Finanzierung politischer Aktivitäten als öffentliche Gelder zu betrachten, wird die Einführung einer durch Steuergelder bestrittenen Parteienfinanzierung kaum die Gefahr von Korruption und Missbrauch politischer Gelder eindämmen geschweige denn beseitigen können.

---

[104] Bevor es zu einer weiteren Revision vor dem Obersten Gerichtshof kam, erhängte sich Nakajima, der mittlerweile von seinem Mandat zurückgetreten war, in seiner Wohnung (ASAHI SHIMBUN 07.01.2001: 1).
[105] Vgl. dazu Kap. 3.2.

Auch die zweifelhafte Rolle der Parteifilialen als reine Empfänger von Finanzmitteln trat in den Vordergrund. Es machte die grundlegende Problematik deutlich, dass die staatliche Parteienfinanzierung eingeführt worden war, ohne gleichzeitig in einem Parteiengesetz die Aufgaben, Eigenschaften und Stellung einer Partei festzulegen. So wurden zahlreiche Parteifilialen gegründet, die letztendlich keine andere Aufgabe haben, als Geld in Empfang zu nehmen (SASAKI et al. 1999: 24). „Es gibt kein Parteiengesetz, aber es wurden Bestimmungen in das Gesetz zur staatlichen Parteienfinanzierung hineingemogelt, die so tun, als seien sie ein Parteiengesetz. Das Ergebnis ist, dass heute Parteien eine juristisch mehrdeutige Stellung haben." (YOSHIDA Shin'ichi, politischer Journalist, im Interview am 07.07.2000)

Trotz der Kritik und den verfassungsrechtlichen Bedenken an der staatlichen Parteienfinanzierung ist sie heute kaum mehr Gegenstand der öffentlichen Diskussion. Allein die KPJ übt regelmäßig heftige Kritik an der Subvention von politischen Parteien aus der Staatskasse und forderte in einem Gesetzesentwurf vom Oktober 1997 die Abschaffung der staatlichen Parteienfinanzierung (KAMIWAKI 1999b: 108). Der Ansicht einiger Politiker, dass 250 Yen pro Bürger und Jahr ein angemessener Beitrag zur Finanzierung der Demokratie seien, entgegnet die KPJ, dass diese 250 Yen von „Babys bis hin zu Senioren" gezahlt werden müssen. Demgegenüber werde aber beispielsweise die Last der Sozialleistungen verstärkt dem Bürger selbst auferlegt. Die meisten Parteien und Politiker zeigen sich von der Kritik jedoch wenig beeindruckt. Für sie stellt die staatliche Parteienfinanzierung angesichts der wirtschaftlichen Situation und des Rückgangs der Spenden eine willkommene Ersatzleistung dar.

Die Nutzung der Fundraising-Partys und der Parteifilialen als neue „Geldbörsen" zeigt, dass das Finanzregulierungsgesetz löchrig geblieben ist. Schon vor dem Inkrafttreten der Reformgesetze hatte es Bedenken gegeben, dass auch danach Spenden von Unternehmen und Organisationen weiter gebilligt und sogar gefördert würden, indem Schlupflöcher wie z.B. die lokalen Parteifilialen beibehalten würden (UZAKI 1994: 173-174). Dadurch seien auch unter den neuen Rahmenbedingungen zu wenige natürliche Personen als Spender zu verzeichnen (KÖLLNER 2000: 156).

Eine wichtige Ursache für die geringe Bereitschaft normaler Bürger, Parteien Geld für ihre politische Arbeit zu spenden, liegt jedoch auch in dem negativen Bild begründet, dass Wähler von Parteien allgemein haben. UZAKI (1994: 174) schreibt:

> *Egal, wie weit die Gesetze auch angepasst werden, letztendlich sind wir es, die Bevölkerung, die das System betreiben. Es ist entscheidend, inwieweit wir als Souverän in der Lage sind, den universellen Wert der Demokratie zu erkennen, der darin enthaltenen Redlichkeit und Ethik einen Wert beimessen und als Gemeingut betrachten.*

Allerdings ist das Vertrauen seitens der Bevölkerung in Politiker auch nicht sonderlich hoch. Eine Umfrage der *Asahi Shimbun* im Januar 2003 ergab, dass Ärzten oder Zeitungen das Vertrauen von mehr als 80%, dem Wetterbericht sogar von 92% der Bevölkerung entgegengebracht wird, während nur 15% der Bevölkerung Vertrauen in Politiker haben (ASAHI SHIMBUN 27.01.03: 41).

5. Staatliche Parteienfinanzierung in Japan – Eine erste Bilanz

Die staatliche Parteienfinanzierung wurde im Rahmen der politischen Reformen von 1994 eingeführt. Ziel war es, gemeinsam mit den Revisionsgesetzen zum Wahlgesetz für öffentliche Ämter und zum Gesetz zur Regulierung politischer Gelder (GRPG) für mehr Transparenz bei der Politikfinanzierung zu sorgen. Es sollte eine Spendenpraxis entstehen, die weniger auf großen Unternehmen und Organisationen basierte, sondern mehr auf Spenden natürlicher Personen. Die kostenintensive, personenorientierte Wahlkreispflege in Mehrerwahlkreisen sollte durch eine an Parteien und Inhalten orientierte Wählerwerbung in einem Grabensystem mit Einer- und Verhältniswahlkreisen ersetzt werden.

Es waren hauptsächlich die Gegner einer staatlichen Parteienfinanzierung und Verfassungsrechtler, die sich mit dem neuen Gesetz zur staatlichen Parteienfinanzierung (GStP) auseinander setzten. Trotz der Tatsache, dass die Parteienfinanzierung aus Steuermitteln bestritten werden sollte, schien die japanische Öffentlichkeit hingegen relativ indifferent. Die Auslöser für die politischen Reformen von 1994, die Bestechungsfälle der 1980er und 1990er Jahre, hatten zwar für große Empörung in der Bevölkerung gesorgt, doch war dieser Protest bald verebbt. Es sei dahingestellt, ob die Reform des GRPG und die somit erreichte größere Transparenz der Politikfinanzierung zur Besänftigung der Wähler beitragen konnte.

Seit 1995 erhalten alle Parteien, die die im GStP festgelegten Kriterien erfüllen und einen entsprechenden Antrag stellen, einen staatlichen Zuschuss. Die Höhe ist abhängig von der Anzahl der Abgeordneten im Parlament und dem Stimmenanteil in der vorangegangenen Wahl. 2004 werden zum zehnten Mal die staatlichen Subventionsgelder an die Parteien ausgezahlt, die nach der einwohnerzahlabhängigen Berechnung vom Januar 2003 ein Gesamtvolumen von rund 31,73 Milliarden Yen haben werden

(JA 2003: 38). Es ist zu erwarten, dass sich fast alle gegenwärtig im Parlament vertretenen Parteien der Gelder annehmen werden[106].

Die KPJ, die durch den Verkauf von Parteipublikationen hohe Gewinne erzielt und hauptsächlich deswegen die höchsten Einnahmen aller Parteien aufweist, ist derzeit die einzige Parlamentspartei, die für die Abschaffung der Staatsfinanzierung eintritt und auf die ihrer Meinung nach unverhältnismäßig hohen Subventionen von Parteien aufmerksam macht. Allerdings fallen die Bedenken der KPJ, aber auch der Verfassungsrechtler, die bereits vor Einführung der staatlichen Parteienfinanzierung auf die nicht verfassungskonformen Aspekte der öffentlichen Subvention von Parteien hingewiesen hatten[107], weder bei Politikern noch in der Öffentlichkeit auf fruchtbaren Boden.

Der LDP-Unterhausabgeordnete SHIOZAKI Yasuhisa betonte in einem Gespräch (18.07.2000), dass die Einführung der staatlichen Parteienfinanzierung an seiner politischen Arbeit überhaupt nichts geändert habe. Schließlich bekämen doch nur die Parteien Geld vom Staat. Er als einzelner Politiker erhielte davon „nur" zehn Millionen Yen. Er frage sich, ob eine staatliche Subventionierung von Politikern nicht sinnvoller sei als die von Parteien. Für die LDP gelte nach Ansicht des ehemaligen LDP-Abgeordneten MIZUNO Kiyoshi (Interview am 12.10.2001), dass die staatliche Parteienfinanzierung nur die Macht des Generalsekretärs gestärkt habe, da dieser über die Verteilung der öffentlichen Gelder innerhalb der Partei und über die Neugründung von Parteifilialen entscheide.

Derartige Aussagen zeigen, dass die Intention staatlicher Parteienfinanzierung (noch) nicht verstanden ist. Es geht weiterhin um die Frage, wer woher wie viel Geld bekommt, und nicht darum, mit geringeren Finanzsorgen im wahrsten Sinne des Wortes mehr Politik zu betreiben. Tatsächlich dienen die staatlichen Gelder in den allermeisten Fällen als zusätzliche Einnahmen, nicht als Ersatz für Spenden von Unternehmen und Verbänden.

---

[106] Vgl. dazu Kap. 4.1.1.
[107] Vgl. dazu Kap. 3.3.

Der Zusammenschluss parteiloser Parlamentarier zu einer neu-
en Partei im Jahr 1998 beruhte lediglich auf der Absicht, sich somit
für den Erhalt der staatlichen Parteienfinanzierung zu qualifizieren.
Ein gemeinsames politisches Programm existierte nicht. Diese
Entwicklung weist auf ein zentrales Problem des politischen Systems Japans hin, nämlich die nur mangelhaft definierte rechtliche
Stellung politischer Parteien. Das GStP legt zwar Kriterien fest, die
für den Erhalt staatlicher Gelder berechtigen, eine Klärung der
verfassungsrechtlichen Stellung von Parteien ist jedoch ausgeblie-
ben. Parteien kommen in der japanischen Verfassung weiterhin
nicht vor.

Ein weiteres grundsätzliches Problem stellt die einfache Tatsache dar, dass es alleine Parteien sind, die in der Legislative Gesetze
schaffen können. „Die Entscheidung des Parlaments in eigener
Sache schafft Verstrickungen und Versuchungen, denen ohne
wirksame Kontrolle nur ein Gott auf Dauer widerstehen könnte" (VON ARNIM 1996: 47). Die bestehenden Lücken in den
Gesetzen rund um die Politikfinanzierung legen die Vermutung
nahe, dass schon bei den Gesetzesentwürfen und ihrer Verabschiedung darauf geachtet wurde, auf Umwegen doch noch die
bisherigen Finanzquellen anzuzapfen, die eigentlich trocken gelegt
werden sollten. Hingewiesen sei auf die Rolle der Parteifilialen, die
nur für einen bestimmten Politiker arbeiten und offensichtlich als
legale Organisationen zur Entgegennahme von Unternehmensspenden fungieren. Ein weiterer Umweg ist der Verkauf von Eintrittskarten zu Fundraising-Partys einzelner Politiker, die schon seit
Mitte der 1970er Jahre eine wichtige Einnahmequelle für Politiker
darstellen und allem Anschein nach dazu benutzt werden, die
Spendenobergrenzen sowie die Offenlegungspflicht von Spendernamen zu umgehen.

Die Korruptionsfälle seit Ende der 1990er Jahre zeigen ebenso
wie der Missbrauch staatlicher Gelder, dass auch die staatliche
Parteienfinanzierung kein Heilmittel gegen kriminelle Machen-
schaften einzelner Politiker ist. Die vom Staat zur Verfügung ge-
stellten Gelder haben nicht verhindern können, dass in Einzelfäl-

len weiterhin Schwarzgeld von Unternehmen an Politiker fließt. Es ist nicht möglich zu beurteilen, ob die politischen Reformen von 1994 weitere Politiker daran gehindert haben, in Korruptionen verwickelt zu werden. Diese Frage ist jedoch auch irrelevant. So, wie sich die Situation gegenwärtig darstellt, kann von einem Erfolg dieses Elements der großen politischen Reformen von 1994 nicht gesprochen werden.

Fast zehn Jahre danach sind sogar Rückschritte in der Praxis der Politikfinanzierung zu erkennen. Zum einen verkündete im Januar 2003 der Wirtschaftsdachverband *Keidanren*, dass er wieder mit politischen Spenden beginnen wolle, nachdem 1993 zum Regierungsantritt von Premierminister Hosokawa die Spendentätigkeit eingestellt worden war (KEIDANREN 2003a). Obwohl man auch damals davon überzeugt war, dass die Spenden des eigenen Verbandes zu 100% transparent vergeben worden waren und es somit „gute" Unternehmensspenden waren, beschloss man, die Finanzierung der Politik möglichst der breiten Öffentlichkeit, d.h. der staatlichen Parteiensubvention und Einzelspende zu überlassen (FUSANO 1994: 10).

Keidanren will heute jedoch „wieder stärkeren Einfluss auf die Politik nehmen", indem er einerseits den Unternehmen eine Spendenempfehlung für Parteien, die wirtschaftspolitisch günstige Maßnahmen vorsehen, ausspricht und andererseits eine Vereinigung von Unternehmen und Unternehmern gründet, die einzelne Parteien und Politiker auch finanziell unterstützen soll (KEIDANREN 2003a). In Anbetracht des allgemeinen Rückgangs der Einnahmen von Politikern und Parteien um 3,2 % im Jahr 2001 (ASAHI SHIMBUN 30.11.2002: 31) kann man davon ausgehen, dass allen voran die LDP die angekündigte Unterstützung des *Keidanren* begrüßen wird.

Zum anderen überlegte die Regierungskoalition aus LDP, PSP und KoP im Sommer des Jahres 2003, die Grenzbeträge für die Veröffentlichung von Spendernamen wieder zu erhöhen. Man wolle anstatt der jetzt geltenden Offenlegungspflicht ab 50.000 Yen pro Jahr eine Regelung einführen, nach der es erlaubt ist, bis zu 20.000 Yen monatlich, d.h. bis zu 240.000 Yen pro Jahr, anonym zu spenden. Gleichzeitig soll jedoch eine Höchstgrenze für Unternehmensspenden an Parteifilialen eingeführt werden. Nach diesem Entwurf darf ein Unternehmen ein- und derselben Parteifiliale eine Zuwendung in Höhe von 1,5 Millionen Yen pro Jahr zuführen. Zwar gab es gerade zum ersten Teil des Entwurfs auch Gegenstimmen aus der Koalition, die die Herabsetzung der Transparenz der Spendenregelung befürchteten. Aber schließlich einigte man sich auf diesen Vorschlag, da nach Ansicht der Befürworter ein monatlich gezahlter Beitrag kaum als Spende zur Vorteilsnahme gewertet werden könne (ASAHI SHIMBUN 10.06.2003: 2).

IWAI (2002: 29-30) verweist darauf, dass die japanische Bevölkerung äußerst empfindlich auf das Thema Geld und Politik reagiere. Deshalb neigten Politiker dazu, ihre Finanzen möglichst aus der Öffentlichkeit herauszuhalten. Um aber dem Wähler zu verdeutlichen, welche Kosten politische Arbeit verursacht, sei es notwendig, dass mehr Politiker ihre Einnahmen und Ausgaben offen legten. Erst dies würde einerseits das Verständnis für die Praxis der Politikfinanzierung wecken, andererseits einen verantwortungsvolleren Umgang mit politischen Geldern erzeugen.

Die bei der Unterhauswahl 2003 allseits proklamierte Hinwendung zu einem Wahlkampf, der nicht mehr so sehr von kostspieligen Dienstleistungen und Gefälligkeiten der Kandidaten geprägt ist, sondern vielmehr die programmatischen Unterschiede zwischen den Parteien betont, hat zahlreiche Kandidaten nach eigenen Angaben finanziell entlastet. Vielleicht ergibt sich durch diese Änderung in der politischen Kultur Japans eine langsame Entschärfung der Korruptionsproblematik und, als Mittel zum Zweck, eine dem Geiste der staatlichen Parteienfinanzierung entsprechende Nutzung der Gelder.

6. Anhang

6.1. Literaturverzeichnis

ALEXANDER, Herbert E. und SHIRATORI Rei (Hg.) (1995): *Minshushugi no kosuto - seijishikin no kokusai hikaku* (Kosten der Demokratie - Politikfinanzierung im internationalen Vergleich). Tôkyô: Shinhyôron [Englischsprachige Originalfassung (1994): *Comparative Political Finance Among the Democracies*. Westview Press]

von ARNIM, Hans Herbert (1996): *Die Partei, der Abgeordnete und das Geld - Parteienfinanzierung in Deutschland*. München: Knaur

BLECHINGER, Verena (1998): *Politische Korruption in Japan - Ursachen, Hintergründe und Reformversuche*. Hamburg: Institut für Asienkunde

BLECHINGER, Verena (1999): *Changes in the handling of corruption scandals in Japan since 1994*, in: Asia-Pacific Review, Vol. 6, No. 2, 1999: S. 42-64. Tôkyô: Institute for International Policy Studies

CURTIS, Gerald L. (1971): *Election Campaigning Japanese Style*. New York: Columbia University Press

CURTIS, Gerald L. (1988): *The Japanese Way of Politics*. New York: Columbia University Press

CURTIS, Gerald L. (1999): *The Logic of Japanese Politics - Leaders, Institutions and the Limits of Change*. New York: Columbia University Press

DEUTSCHMANN, Christoph (1998): *Theorien zur gesellschaftlichen Bedeutung des Geldes und deren Relevanz im Fall Japan*, in: ERNST, Angelika und Peter PÖRTNER (Hg.) (1998): *Die Rolle des Geldes in Japans Gesellschaft, Wirtschaft und Politik*: S. 11-24. Hamburg: Institut für Asienkunde

FUSANO Natsuaki (1994): *Seiji shikin no arikata ni tsuite* (Wie Politikfinanzierung sein sollte). Tôkyô: Josui Kai

HIGUCHI Kôichi (1994): *Seitô, seijidantai, giin no kaikei keiri - kaikeijimu kara hôkokusho no sakusei made* (Die Buchführung von Parteien, politischen Vereinigungen, Abgeordneten - Von der Buchhaltung bis zur Erstellung des Berichts). Tôkyô: Daiichihôki Shuppan

HIROSE Michisada (1989): *Seiji to kane* (Politik und Geld). Tôkyô: Iwanami Shoten

HONZAWA Jirô (1995): *Seijika no mayoi - okane hen - issatsu marugoto sei-jika no kane no himitsu o tokiakasu hon* (Die Zweifel eines Politikers - Geld - Das Buch, das die Geheimnisse um das Geld der Politiker komplett lüftet). Tôkyô: Êru Shuppansha

IGARASHI Jin (1997): *Tettei kenshô - seiji kaikaku shinwa* (Gründliche Untersuchung - Mythos Politikreform). Tôkyô: Rôdôjunpôsha

IWAI Tomoaki (1992): *Seiji shikin no kenkyû* (Untersuchungen zur Politikfinanzierung). Tôkyô: Nihon Keizai Shinbunsha

IWAI Tomoaki (2002): *Clearing Up the Murk in Political Finances*, in: Japan Echo Oct. 2002: S. 29-32. Tôkyô: Japan Echo Inc.

IWAO Yutaka (Hg.) (1999): *Jitsumu to kenshû no tame no wakariyasui seiji shikin kiseihô [kaiseiban]* (Das Gesetz zur Regulierung der Finanzierung politischer Aktivitäten leicht gemacht für Praxis und Ausbildung [Überarbeitete Fassung]). Tôkyô: Gyôsei

JA [JAPAN AKTUELL] (2002a): *Kiyomi Tsujimoto wegen Gehaltsschwindels befragt. Auch Ex-Außenministerin Tanaka gerät in die Schusslinie. System der Sekretärsbezahlung in der Kritik*. Juni-Ausgabe: S. 223. Hamburg: Institut für Asienkunde

JA [JAPAN AKTUELL] (2002b): *Junge Abgeordnete legen Finanzverhältnis-se offen*. August-Ausgabe: S. 318-319. Hamburg: Institut für Asienkunde

JA [JAPAN AKTUELL] (2002c): *Ehemalige Außenministerin wird aus LDP ausgeschlossen und wirft vor Ethikausschuss nur wenig Licht auf Be-soldungspraxis bei ihren Sekretären*. August-Ausgabe: S. 321. Hamburg: Institut für Asienkunde

JA [JAPAN AKTUELL] (2002d): *Ex-LDP-Politiker Muneo Suzuki wegen Bestechlichkeit verhaftet*. August-Ausgabe: S. 322-323. Hamburg: Institut für Asienkunde

JA [JAPAN AKTUELL] (2003): *Staatliche Parteienfinanzierung 2003*. Februar-Ausgabe: S. 38. Hamburg: Institut für Asienkunde

JSSS [JICHISHÔ SENKYOBU SEIJI SHIKINKA] (Hg.) (1997): *Chikujô kaisetsu - seiji shikin kiseihô* (Gesetz zur Regulierung der Fi-nanzierung politischer Aktivitäten - Artikel für Artikel erklärt). Tôkyô: Gyôsei

JSSS [JICHISHÔ SENKYOBU SEIJI SHIKINKA] (Hg.) (1997): *Chikujô kaisetsu - seitô joseihô - hôjinkaku fuyohô* (Gesetz zur staatli-chen Parteienfinanzierung - Gesetz zur Anerkennung von juristi-schen Personen - Artikel für Artikel erklärt). Tôkyô: Gyôsei

KAMIWAKI Hiroshi (1999a): *Seitô kokkaron to kenpôgaku - "seitô no kenpôjô no chii" ron to seitô josei* (Theorie des Parteienstaats und Verfassungsrecht - Theorie der „Stellung von Parteien in der Verfassung" und die staatliche Parteienfinanzierung). Tôkyô: Nobuyama Shuppan

KAMIWAKI Hiroshi (1999b): *Seitô joseihô no kenpô mondai* (Verfassungsrechtliche Problematik der staatlichen Parteienfinanzierung). Tôkyô: Nihon Hyôronsha

KERDE, Ortrud (1998): *Geld und Politik - Grauzonen der Parteienfinanzierung in Japan*, in: ERNST, Angelika und Peter PÖRTNER (Hg.) (1998): *Die Rolle des Geldes in Japans Gesellschaft, Wirtschaft und Politik*: S. 163-192. Hamburg: Institut für Asienkunde

KEVENHÖRSTER Paul (1994): *Das japanische Parteiensystem im Umbruch - Stagnation oder Neubeginn?*, in: Aus Politik und Zeitgeschichte, B50/94: S. 3-10

KINOSHITA Satoshi (1994): *Amerikan demokurashî to seitôsei - kôhosha shimei katei no hôteki tôsei* (Die Amerikanische Demokratie und das Parteiensystem - Die gesetzliche Kontrolle des Nominierungsprozesses von Kandidaten), in: MORI Hideki (Hg.) (1994): *Seitô kokkohojo no hikakukenpôteki sôgôteki kenkyû* (Eine verfassungsrechtlich vergleichende, umfassende Untersuchung über die staatliche Finanzierung von Parteien): S. 67-80. Tôkyô: Kashiwashobô

KJS [KOKUSEI JÔHÔ SENTÂ] (Hg.) (1994): *Senkyo ga wakaru! seiji ga ugoku!! seijikaikaku hyôron* (Die Wahlen verstehen! Politik funktioniert!! Bewertung der politischen Reformen). Tôkyô: KJS Shuppankyoku

KJS [KOKUSEI JÔHÔ SENTÂ] (Hg.)(2001): *Seiji shikin kiseihô yôran [Dai niji kaitei ban]* (Überblick über das Gesetz zur Regulierung politischer Geldmittel [Zweite überarbeitete Auflage]). Tôkyô: KJS Shuppankyoku

KLEE-KRUSE, Gudrun (1993): *Öffentliche Parteienfinanzierung in westlichen Demokratien - Schweden und Österreich: Ein Vergleich*. Frankfurt a. M.: Peter Lang

KLEIN, Axel (1998): *Das Wahlsystem als Reformobjekt - Eine Untersuchung zu Entstehung und Auswirkung politischer Erneuerungsversuche am Beispiel Japan*. Bonn: Bier'sche Verlagsanstalt

KLEIN, Hans Hugo (2000): *Die Zukunft der Parteienfinanzierung*, in: Konrad-Adenauer-Stiftung (Hg./Verlag): *Welche Finanzierung für die Parteien?* Zukunftsforum Politik Nr. 3.: S. 4-9.

KOBAYASHI Shunji (1976): *Kigyô no seiji kenkin* (Politische Spenden von Unternehmen). Tôkyô: Nihon Keizai Shimbun

KÖLLNER, Patrick (1998a): *Drei Jahre nach den politischen Reformen - Eine Zwischenbilanz, Teil 1: Das Wahlgesetz und seine Auswirkungen*, in: Japan aktuell Februar-Ausgabe: S. 167-177. Hamburg: Institut für Asienkunde

KÖLLNER, Patrick (1998b): *Drei Jahre nach den politischen Reformen - Eine Zwischenbilanz, Teil 2: Die Finanzierung politischer Aktivitäten*, in: Japan aktuell Juni-Ausgabe: S. 272-283. Hamburg: Institut für Asienkunde

KÖLLNER, Patrick (1999a): *Informelle Elemente in der japanischen Politik, Teil 1: Faktionen*, in: Japan aktuell Februar-Ausgabe: S. 164-173. Hamburg: Institut für Asienkunde

KÖLLNER, Patrick (1999b): *Informelle Elemente in der japanischen Politik, Teil 2: Persönliche Unterstützungsvereinigungen und Erbabgeordnete*, in: Japan aktuell April-Ausgabe: S. 164-173. Hamburg: Institut für Asienkunde

KÖLLNER, Patrick (2000): *Parteienfinanzierung in Japan: Regulierungsmechanismen und Anpassungsstrategien*, in: Japan aktuell April-Ausgabe: S. 147-158. Hamburg: Institut für Asienkunde

KOJIMA Kazuo (1994): *Seiji kaikaku kotohajime* (Beginn der politischen Reformen). Tôkyô: Ribatî Shohô

KOMATSU Hiroshi (1994): *Sengo nihon no seitôsei no tenkai to gendankai* (Entwicklung und gegenwärtige Situation des Parteiensystems im Nachkriegsjapan), in: MORI Hideki (Hg.) (1994): *Seitô kokkohojo no hikakukenpôteki sôgôteki kenkyû* (Eine verfassungsrechtlich vergleichende, umfassende Untersuchung über die staatliche Finanzierung von Parteien): S. 145-155. Tôkyô: Kashiwashobô

KOSHIJI Masami, SAIGUSA Kazuo, SAKAGUCHI Mitsuo und YOSHIDA Yoshiaki (1998): *Seiji shikin kiseihô no kaisetsu* (Erläuterung des Gesetzes zur Regulierung politischer Gelder). Tôkyô: Hitotsubashi Shuppan

LANDFRIED, Christine (2000): *Welche Finanzierung für die Parteien?*, in: Konrad-Adenauer-Stiftung (Hg./Verlag): *Welche Finanzierung für die Parteien?* Zukunftsforum Politik Nr. 3.: S. 10-14.

LEICHT, Robert (1999): *Geld, Macht und Recht - Erst seit 1994 gibt es ein ziemlich scharfes Parteiengesetz*, in: DIE ZEIT Nr. 49/1999. Hamburg

MATSUMOTO Ayahiko, TOYOSHIMA Norio und KAEDA Yoshito (1999): *Jisshô - Nihon no seiji* (Fakten - Die Politik Japans). Tôkyô: Kikôdô

MEIJI DAIGAKU SEIJI SHIKIN KENKYÛKAI (1998): *Seiji shikin to hôseido* (Die Politikfinanzierung und das Rechtsystem). Tôkyô: Nihon Hyôronsha

MITCHELL, Richard H. (1996): *Political Bribery in Japan*. Honolulu: Hawaii University Press.

MIYAGAWA Takayoshi (1995): *Senkyo no shikumi - seido kaikaku de nani ga dô kawarunoka* (Der Mechansimus von Wahlen - Was verändert sich wie durch eine Systemreform). Tôkyô: Nihon Jitsugyô Shuppansha

MIYAZAWA Toshiyoshi (1986): *Verfassungsrecht (Kempô)*, (Übersetzung: HEUSER, Robert und YAMASAKI Kazuaki). Köln/Berlin/Bonn/München: Carl Heymanns Verlag KG

MORI Hideki (Hg.) (1994a): *Seitô kokkohojo no hikakukenpôteki sôgôteki kenkyû* (Eine verfassungsrechtlich vergleichende, umfassende Untersuchung über die staatliche Finanzierung von Parteien). Tôkyô: Kashiwashobô

MORI Hideki (1994b): *Seitô kokkohojo seido no hikakukenkyû ni okeru shikaku to kadai* (Blickwinkel und Aufgaben innerhalb der vergleichenden Untersuchung über die staatliche Finanzierung von Parteien), in: MORI Hideki (Hg.) (1994): *Seitô kokkohojo no hikakukenpôteki sôgôteki kenkyû* (Eine verfassungsrechtlich vergleichende, umfassende Untersuchung über die staatliche Finanzierung von Parteien): S. 1-11. Tôkyô: Kashiwashobô

MUKÔONO Shinji (2002): *Shûgiin - sono shisutemu to mekanizumu* (Das Unterhaus - sein System und sein Mechanismus). Tôkyô: Tôshindô

NAGATA Hideki (1994): *Seitô no kôteki seikaku to kokkohojo* (Der öffentliche Charakter einer Partei und die staatliche Subvention), in: MORI Hideki (Hg.) (1994): *Seitô kokkohojo no hikakukenpôteki sôgôteki kenkyû* (Eine verfassungsrechtlich vergleichende, umfassende Untersuchung über die staatliche Finanzierung von Parteien): S. 223-240. Tôkyô: Kashiwashobô

NASSMACHER, Karl-Heinz (2000): *Reparatur, Reform oder Neubeginn? Vorüberlegungen zum Parteiengesetz 2000,* in: Konrad-Adenauer-Stiftung (Hg.): *Welche Finanzierung für die Parteien?* Zukunftsforum Politik Nr. 3.: S. 15-29. Konrad-Adenauer-Stiftung

NIHON KÔNINKAIKEISHI KYÔKAI Kinkikai Shakai Kaikei Iinkai (Hg.) (1994): *Seitô joseihô no mondaiten - kôninkaikeishi to shite no tachiba kara* (Problempunkte des Gesetzes zur staatlichen Parteienfinanzierung - aus Sicht der Wirtschaftsprüfer). Tôkyô

NIHON SHAKAITÔ Senkyo Teisaku Iinkai (Hg.) (1994): *Yoku wakaru shin senkyoseido Q & A* (Das neue Wahlsystem verständlich gemacht - Fragen und Antworten). Tôkyô: Nihon Shakaitô Kikanshikyoku

OGURI Minoru (1994): *Kigyôkenkin to seiji shikin* (Unternehmensspenden und Politikfinanzierung), in: MORI Hideki (Hg.) (1994): *Seitô kokkohojo no hikakukenpôteki sôgôteki kenkyû* (Eine verfassungsrechtlich vergleichende, umfassende Untersuchung über die staatliche Finanzierung von Parteien): S. 179-195. Tôkyô: Kashiwashobô

POHL, Manfred (1994): *Das Regierungssystem,* in: MAYER, Hans Jürgen und Manfred POHL (Hg.) (1994): Länderbericht Japan: S. 72-79. Bonn: Bundeszentrale für Politische Bildung

RÖHL, Wilhelm (1963): Die japanische Verfassung. Frankfurt a.M./Berlin: Alfred Metzner Verlag

ROELLECKE, Gerd (2000): *Zur Zukunft der Parteienfinanzierung,* in: Konrad-Adenauer-Stiftung (Hg.): *Welche Finanzierung für die Parteien?* Zukunftsforum Politik Nr. 3.: S. 30-34. Konrad-Adenauer-Stiftung

SASAGO Katsuya, ABE Kazuyoshi und MURAOKA Hiroto (1990): *Kenshô! seiji kenkin no kôzu* (Beweisaufnahme! Die Struktur der politischen Spenden). Tôkyô: JICC Shuppankyoku

SASAKI Takeshi, YOSHIDA Shin'ichi, TANIGUCHI Masaki und YAMAMOTO Shûji (Hg.) (1999): *Daigishi to kane — seiji shikin zenkoku chôsa hôkoku* (Der Abgeordnete und das Geld — Bericht über eine landesweite Untersuchung der Politikfinanzierung). Tôkyô: Asahi Shimbun

SASAKI Takeshi (Hg.) (1999): *Seiji kaikaku 1800 nichi no shinjitsu* (Die Wahrheit über die 1800 Tage der politischen Reformen). Tôkyô: Kôdansha

SCHMIDT, Helmut (1999): *Nach den Skandalen - Jetzt brauchen wir eine strengere Aufsicht in Parteien und Firmen*, in: DIE ZEIT Nr. 49/1999. Hamburg

SEIJI SHIKIN KENKYÛKAI (Hg.) (1999): *Q&A seiji shikin handobukku* (Fragen und Antworten Handbuch der politischen Gelder). Tôkyô: Gyôsei

SHIRATORI Rei (1995): *Nihon no seiji shikin to seiji fuhai* (Politikfinanzierung und Korruption in Japan), in: ALEXANDER, Herbert E. und SHIRATORI Rei (Hg.) (1995): *Minshushugi no kosuto - seijishikin no kokusai hikaku* (Kosten der Demokratie - Politikfinanzierung im internationalen Vergleich): S. 217-235. Tôkyô: Shinhyôron

SHIRATORI Rei und SUNADA Ichirô (1996): *Gendaiseitô no riron* (Theorie über Parteien der Gegenwart). Tôkyô: Tôkaidaigaku Shuppankai

SONE Yasunori und KANAZASHI Masao (Hg.) (1989): *Bijuaru Zemináru - Nihon no seiji* (Visuelles Seminar - Die Politik Japans). Tôkyô: Nihon Keizai Shinbunsha

TACHIYAMA Kôki (1994): *Masu media to minshu shugi* (Massenmedien und Demokratie), in: MORI Hideki (Hg.) (1994): *Seitô kokkohojo no hikakukenpôteki sôgôteki kenkyû* (Eine verfassungsrechtlich vergleichende, umfassende Untersuchung über die staatliche Finanzierung von Parteien): S. 197-221. Tôkyô: Kashiwashobô

TOMISAKI Takashi (1996): *Seitô to seiji shikin* (Politische Parteien und Politikfinanzierung), in: SHIRATORI Rei und SUNADA Ichirô (1996): *Gendaiseitô no riron* (Theorie über politische Parteien der Gegenwart): S. 49-116. Tôkyô: Tôkaidaigaku Shuppankai

TSATSOS, Dimitris Th. (Hg.) (1992): *Parteienfinanzierung im europäischen Vergleich - Die Finanzierung der politischen Parteien in den Staaten der Europäischen Gemeinschaft*. Baden-Baden: Nomos Verlagsgesellschaft

UEMURA Katsuyoshi (1994): *Senkyo seido to seiji shikin* (Das Wahlsystem und die Politikfinanzierung), in: MORI Hideki (Hg.) (1994): *Seitô kokkohojo no hikakukenpôteki sôgôteki kenkyû* (Eine verfassungsrechtlich vergleichende, umfassende Untersuchung über die staatliche Finanzierung von Parteien): S. 241-259. Tôkyô: Kashiwashobô

UZAKI Masahiro (1994): *Seiji fuhai no genjô to seiji shikin - seiji rinri seido no kadai* (Gegenwärtige Situation des politischen Verfalls und die Politikfinanzierung - Aufgaben des Systems politischer Ethik), in: MORI Hideki (Hg.) (1994): *Seitô kokkohojo no hikakukenpôteki sôgôteki kenkyû* (Eine verfassungsrechtlich vergleichende, umfassende Untersuchung über die staatliche Finanzierung von Parteien): S. 159-177. Tôkyô: Kashiwashobô

WARE, Alan (1996): *Political Parties and Party Systems.* New York: Oxford University Press

WATANABE Yôzô, MORI Hideki und HIROWATARI Seigo (1993): *Seijikaikaku e no teigen* (Vorschlag für politische Reformen). Tôkyô: Iwanami Shoten

WIECZOREK, Iris (2000): *Religion und Politik in Japan: Sôka gakkai und Kômeitô,* in: Japan aktuell August-Ausgabe: S. 350-360. Hamburg: Institut für Asienkunde

YASUDA Shû und TAKADA Hirobumi (2000): *Senkyo seiji shikin seido [chihôjichi sôgô kôza 6]* (Wahlen und das System der Politikfinanzierung [Gesamtkurs über regionale Selbstverwaltung 6]). 3. Auflage. Tôkyô: Gyôsei

Tagespresse
Asahi Shimbun
Frankfurter Allgemeine Zeitung
Süddeutsche Zeitung

Websites
JICHI SHÔ/SÔMU SHÔ (1997):
http://www.mha..go.jp/news/index.html
JICHI SHÔ/SÔMU SHÔ (1998):
http://www.soumu.go.jp/news/98.09.18.html
JICHI SHÔ/SÔMU SHÔ (1999):
http://www.soumu.go.jp/news/99.09.10.html
KEIDANREN (2003a):
http://www.keidanren.or.jp/japanese/policy/vision2025.html
KEIDANREN (2003b):
http://www.keidanren.or.jp/japanese/policy/2003/040.html

KYÔSANTÔ [KPJ] (2002a):
http://www.jcp.or.jp/akahata/aik/2002-09-13/07_0401.html
KYÔSANTÔ [KPJ] (2002b):
http://www.jcp.or.jp/faq_box/0224-faq.html
KYÔSANTÔ [KPJ] (2003):
http://www.jcp.or.jp/activ/active64_seitozyosei/index.html
MUSHOZOKU (2003):
http://www.mushozoku.com/independents/mezasu/ayumi_1.html
NIIN KURABU (2002):
http://www.niinkurabu.gr.jp/focus/fo020923.html
NIIN KURABU (2003):
http://www.niinkurabu.gr.jp/focus/fo030623.html
SÔMU SHÔ (2000): http://www.soumu.go.jp/news/00.09.08.html
SÔMU SHÔ (2001): http://www.soumu.go.jp/senkyo/2001/0912.html
SÔMU SHÔ (2002):
http://www.soumu.go.jp/senkyo/2002/020913_1.html

Interviews

Gespräche wurden mit unten genannten Personen geführt und aufgezeichnet. Die Angaben zu Tätigkeit und Position der Gesprächspartner beziehen sich jeweils auf den Tag, an dem das Interview geführt wurde.

Hayano Tôru (05.07.2000):	politischer Journalist und Kolumnist der *Asahi Shimbun*
Mizuno Kiyoshi (12.10.2001):	ehemaliger Unterhausabgeordneter der LDP und ehemaliger Bauminister
Sakurai Hajime (14.12.1999):	politischer Journalist und Korrespondent des Berliner Büros der *Asahi Shimbun*
Shiozaki Yasuhisa (18.07.2000):	LDP-Abgeordneter im Unterhaus

Takemura Masayoshi (18.07.2000):   Vorsitzender der NVP und als ehema-
                                       liger Kabinettsekretär der Hosokawa-
                                       Regierung einer der Initiatoren der Re-
                                       formen von 1994, ehemaliger Finanz-
                                       minister

Yoshida Shin'ichi (07.07.2000):   politischer Journalist der *Asahi Shimbun*
                                       und Co-Autor der Politikfinanzierungs-
                                       studie der *Asahi Shimbun*

6.2. Glossar

bônenkai	忘年会	Feier zum Jahresende;
bunkatsu	分割	Teilung, Spaltung (von Parteien);
chôfuku rikkôho	重複立候補	Doppelkandidatur;
chû senkyoku sei	中選挙区制	Wahlsystem mit nicht-übertragbarer Einzelstimmgebung in Wahlkreisen mit je drei bis fünf Mandaten;
daigaku shingikai	大学審議会	beratende Kommission für Universitätsfragen;
daihachiji senkyo seido shingikai no daini iinchô hôkoku	第８次選挙制度審議会の第二委員長報告	Bericht des Vorsitzenden des zweiten Ausschusses der achten Beratungskommission zum Wahlsystem;
dôshi uchi	同士打ち	Konkurrenzsituation zwischen Kandidaten derselben Partei in einem Wahlkreis;

fukuro	フクロ、袋	Tüte, Umschlag; Bezeichnung für ein Geldgeschenk, das in Umschläge verpackt überreicht wird;
gappei	合弁	Fusion (von Parteien);
gojûgonen taisei	'55 年体制	'55er System; Parteiensystem ab 1955, in dem die LDP dominierte und die größte Oppositionspartei (SPJ) nur etwa halb so viele Unterhausmandate gewinnen konnte;
habatsu	派閥	Faktion; informelle interne Machtgruppen;
hachitô date no basha	八頭立ての馬車	„achtspännige Kutsche"; Bezeichnung für die Acht-Parteien-Koalition unter Premierminister Hosokawa;
hirei daihyô	比例代表	Verhältniswahl;
hôjin	法人	juristische Person;
hôjinkaku fuyohô	法人各付与法	Gesetz zur Anerkennung von juristischen Personen;
homegoroshi	誉め殺し	„zu Tode loben"; Versuch seitens rechtsradikaler Gruppen, das Ansehen von Politikern zu beschädigen, indem sie diese übertrieben loben;
ichibu kaisei hôan	一部改正法案	Entwurf zur teilweisen Reform eines Gesetzes;

ichinensei giin	一年生議員	wörtlich: Erstklässler-Abgeordnete, Parlamentsneulinge (s. *wakate giin*);
idobei seijika	井戸塀政治家	„Brunnen- und Zaunpolitiker"; Bezeichnung für Politiker, die ihr gesamtes Privatvermögen aufbrauchten, so dass ihnen nur noch Brunnen und Zaun vom Besitz übrig blieben;
imêji minshushugi	イメージ民主主義	„Image-Demokratie";
jiban	地盤	lokale Hochburg eines Politikers;
Jichi Shô	自治省	japanisches Innenministerium;
jin'ei	陣営	Politikerlager;
kaban	鞄	Tasche; gemeint ist der Geldbeutel eines Politikers, also die finanzielle Basis;
kaiha	会派	Gemeinsame Parlamentsfraktion von Politikern oder Parteien;
kaisan	解散	Auflösung;
kaiseihô	改正法	Revisionsgesetz;
kanban	看板	Aushängeschild; gemeint ist der gute Ruf eines Politikers;
kankonsôsai	冠婚葬祭	feierliche Anlässe, wie z.B. Hochzeiten oder Beerdigungen;

kankyaku		
minshushugi	観客民主主義	„Publikumsdemokratie";
kanpô	官報	Amtsblatt;
katsudô hi	活動費	Ausgaben für politische Aktivitäten;
keijô keihi	経常経費	allgemeine Ausgaben;
kikanshi	機関紙	Hier: Parteizeitung, Partei-publikation;
kinken seiji	金権政治	geldorientierte Politik (money politics);
kinki karai	金帰火来	„Freitags nach Hause, dienstags zurück"; Bezeichnung für das eilige Reisen eines Parlamentariers zwischen eigenem Wahlkreis und Tôkyô;
kinkyû kaikaku	緊急改革	Dringende Reform;
kiritsu saiketsu	起立採決	Abstimmung durch Aufstehen;
kôenkai	後援会	persönliche Unterstützungsvereinigungen von einzelnen Politikern;
kôminken teishi	公民権停止	Entzug von Staatsbürgerrechten (u.a. Entzug des aktiven und passiven Wahlrechts);
kôshoku senkyohô	公職選挙法	Wahlgesetz für öffentliche Ämter;
kôzô oshoku	構造汚職	strukturelle Korruption;
Kurokiri jiken	黒霧事件	„Schwarzer-Nebel-Fall"; Bestechungsfall;
kyôiku katei		
shingikai	教育過程審議会	Beratende Kommission für Erziehungsfragen;

Kyôwa jiken	共和事件	Bestechungsfall um die Firma *Kyôwa;*
madonna bûmu	マドンナ・ブーム	„Madonna-Boom"; Bezeichnung für den Erfolg von SPJ-Kandidatinnen Ende der 1980er und Anfang der 1990er Jahre;
minshushugi no kosuto	民主主義のコスト	Kosten der Demokratie;
renzasei	連座制	System der Mithaftung;
Rikurûto jiken	リクルート事件	Bestechungsskandal um die Firma Recruit;
Rokkîdo jiken	ロッキード事件	Bestechungsskandal um die Firma Lockheed;
ryôbatsu kitei	両罰規定	Doppelbestrafung von juristischer Person und deren Vertreter;
ryôin kyôgikai	両院協議会	Vermittlungsausschuss beider Häuser (Unter- und Oberhaus);
sâbisu gassen	サービス合戦	Service-Schlacht; Wettkampf um die besten Dienstleistungen für Wähler im Wahlkreis;
Sagawa Kyûbin jiken	佐川急便事件	Bestechungsfall um die Firma *Sagawa Kyûbin;*
saifu	財布	Geldbörse; Bezeichnung für die Einnahmequellen eines Politikers;
sanban	三バン	die drei „ban": drei Grundbedingungen des Erfolgs eines Politikers (s. *jiban, kaban, kanban*);

sangiin seiji kaikaku ni kansuru tokubetsu chôsa iinkai	参議院政治改革に関する特別調査委員会	Sonderausschuss des Oberhauses zu politischen Reformen;
sanka minshushugi	参加民主主義	partizipative Demokratie;
seifu zeisei chôsakai	政府税制調査会	Untersuchungsausschuss der Regierung zum Steuersystem;
seiji dantai	政治団体	politische Organisation;
seiji kaikaku kyôgikai	政治改革協議会	Vermittlungsausschuss für politische Reformen;
seiji kaikaku taikô	政治改革大綱	„Grundsatzprogramm für politische Reformen" der LDP;
seiji katsudôhi	政治活動費	Ausgaben für politische Aktivitäten;
seiji rinri	政治倫理	politische Ethik;
seiji shikin	政治資金	politische Geldmittel, Politikfinanzierung;
seiji shikin dantai	政治資金団体	offizielle Finanzverwaltungsorganisation einer Partei;
seiji shikin kiseihô	政治資金規正法	Gesetz zur Regulierung politischer Gelder;
seiji shikin seido	政治資金制度	System politischer Gelder, Politikfinanzierungssystem;
seiji shikin shûshi hôkokusho	政治資金収支報告書	Finanzbericht zu Einnahmen und Ausgaben politischer Gelder;
seisaku katsudô	政策活動	politische Maßnahmen;
seitô	政党	politische Partei;
seitô chûshin	政党中心	(Politik mit der) Partei im Mittelpunkt;

seitô josei	政党助成	„Subventionierung von Parteien", staatliche Parteienfinanzierung;
seitô joseihô	政党助成法	Gesetz zur staatlichen Parteienfinanzierung;
seitô joseikin	政党助成金	Parteiensubvention, staatliche Parteienfinanzierung;
seitô kikin	政党基金	Parteifonds;
seitô kôfukin no shito hôkokusho	政党交付金の使途報告書	Finanzbericht über die Verwendung der staatlichen Parteienfinanzierung;
seitô kokko hojo	政党国庫補助	staatliche Parteiensubvention, staatliche Parteienfinanzierung;
seitô shibu	政党支部	lokale Parteifiliale, Ortsverein;
senkyo kanri iinkai	選挙管理委員会	Wahlaufsichtskommission;
senkyoku sâbisu	選挙区サービス	Service von Politikern für Wähler im Wahlkreis;
shikin chôtatsu dantai	資金調達団体	Spendensammelorganisation;
shikin kanri dantai	資金管理団体	Finanzverwaltungsorganisation, offizielle Spendensammelorganisation eines Politikers;
shin'nenkai	新年会	Neujahrsfeier;
shinsetsu seitô	新設政党	neugegründete Partei;
shitei dantai seido	指定団体制度	Bestimmte Spendensammelorganisation, über die Politiker ihre Finanzberichte anfertigen mussten;
shôsenkyoku	小選挙区	Einerwahlkreis;

shôsenkyoku hirei daihyô heiritsusei	小選挙区比例代表並立制	Wahlsystem mit Einerwahlkreisen und paralleler Verhältniswahl;
shôsenkyoku shibu	小選挙区支部	Parteifiliale im Einerwahlkreis;
shûgiin giin senkyoku kakutei shingikai	衆議院議員選挙区画定審議会	Gesetz zur Einrichtung einer Wahlkreiskommission;
shûgiin seiji kaikaku ni kansuru tokubetsu chôsa iinkai	衆議院政治改革に関する特別調査委員会	Sonderausschuss des Unterhauses zu politischen Reformen;
shûhyô mashîn	集票マシーン	„Stimmensammelautomat“; Bezeichnung für die Aufgabe der persönlichen Unterstützungsgruppen eines Politikers zum Eintreiben von Stimmen;
shûin hôseikyoku	衆院法制局	Legislative Kontrollinstanz des Unterhauses;
shûkin mashîn	集金マシーン	„Geldsammelautomat“; Bezeichnung für die Aufgabe der persönlichen Unterstützungsgruppen eines Politikers zum Einwerben von Geld;
(o. *shûkin mashin*)	（集金マシン）	
Sômu Shô	総務省	Ministerium für öffentliches Management, innere Angelegenheiten, Post- und Telekommunikation;

sonzoku seitô	存続政党	Partei, die nach Fusion oder Spaltung fortbesteht;
sôwaku	総枠	Rahmenbetrag, Obergrenzen für Spenden;
taika no shiharai	対価の支払い	Zahlung eines Entgelts;
ta no kusatori	田の草取り	„Unkrautjäten im Reisfeld"; Bezeichnung für die aufwändige Arbeit eines Politikers im Wahlkreis;
teigen	提言	Vorschlag;
tokutei kôfukin	特定交付金	Sondersubvention;
toppu kaidan	トップ会談	Spitzengespräch;
ukezara	受け皿	Untertasse; Bezeichnung für das Auffangbecken von Spenden;
wakate giin	若手議員	Parlamentsneulinge, (s. *ichinensei giin*);
Yûtopia seiji kenkyû kai	ユートピア政治研究会	Politische Studiengruppe „Utopia"
zaru hô	ザル法	Sieb-Gesetz; Bezeichnung für das lückenhafte *Gesetz zur Regulierung politischer Gelder*;
zenekon	ゼネコン	Abkürzung für „general contractor"; (Generalunternehmen);

6.3. Verzeichnis japanischer Personennamen

Abe Fumio	阿部文男
Abe Shintarô	安部晋太郎
Ezoe Hiromasa	江副浩正
Doi Takako	土井たか子
Fukuda Takeo	福田赳夫
Hata Tsutomu	羽田孜
Hatoyama Yukio	鳩山由紀夫
Hayano Tôru	早野透
Hosokawa Morihiro	細川護熙
Kaifu Toshiki	海部俊樹
Kajiyama Seiroku	梶山静六
Kan Naoto	管直人
Kanemaru Shin	金丸信
Komatsu Hidehiro	小松秀熙
Konoe Fumimaro	近衛文麿
Kôno Yôhei	河野洋平
Miki Takeo	三木武夫
Miyazawa Kiichi	宮沢喜一
Mitsuzuka Hiroshi	三塚博
Mizuno Ken'ichi	水野賢一
Mizuno Kiyoshi	水野清
Mori Yoshirô	森喜朗
Murayama Tomiichi	村山富一
Nakasone Yasuhiro	中曽根康弘
Obuchi Keizô	小渕恵三
Ozawa Ichirô	小沢一郎
Shiozaki Yasuhisa	塩崎恭久

Suzuki Muneo	鈴木宗男
Takemura Masayoshi	武村正義
Takeshita Noboru	竹下登
Tanaka Kakuei	田中角栄
Tanaka Makiko	田中真紀子
Tsujimoto Kiyomi	辻本清美
Uno Sôsuke	宇野宗佑
Watanabe Michio	渡辺美智雄
Yoshida Shigeru	吉田茂
Yoshida Shin'ichi	吉田慎一

6.4. Chronologie der Ereignisse

18.06.1988 Erste Fälle von Bestechung im Zusammenhang mit der Firma Recruit werden aufgedeckt.

03.03.1989 Abgeordnete der „Politischen Studiengruppe Utopia" legen ihre Einnahmen- und Ausgabenverhältnisse offen.

23.05.1989 LDP beschließt „Grundsatzprogramm zu politischen Reformen"

28.06.1989 Achte Beratungskommission zum Wahlsystem tritt zusammen.

26.04.1990 Bericht der achten Beratungskommission zum Wahlsystem zur Reform des Wahlsystems sowie des Systems politischer Gelder;

31.07.1990 Bericht der achten Beratungskommission zum Wahlsystem zur staatlichen Subventionierung von politischen Parteien;

05.08.1991 Regierung legt Entwürfe zur teilweisen Revision des Wahlgesetzes für öffentliche Ämter, des Gesetzes zur Regulierung politischer Gelder sowie zu einem Gesetz zur staatlichen Parteienfinanzierung vor.

31.03.1993 LDP beschließt vier Gesetzesentwürfe zu politischen Reformen; Inhalt u.a.: Einführung von Einerwahlkreisen.

08.04.1993 SPJ und PSP legen sechs Gesetzesentwürfe zu politischen Reformen vor. Inhalt u.a.: Einführung eines Grabensystems mit Einerwahlkreisen und Verhältniswahlkreisen.

18.06.1993 Misstrauensvotum gegen Premierminister Miyazawa wird im Parlament angenommen.

21./23.06.1993   Gründung der Neuen Vorreiterpartei (NVP) und
der Erneuerungspartei (EP);

18.07.1993   Große Verluste für LDP und SPJ bei den Unterhauswahlen;

09.08.1993   Regierungskoalition unter Premierminister Hosokawa
nimmt ihre Arbeit auf.

17.09.1993   Regierung legt im Unterhaus vier Gesetzesentwürfe zu
politischen Reformen vor.

28.01.1994   Kompromisslösung beim Spitzengespräch zwischen
Premierminister   Hosokawa   und   dem   LDP-
Vorsitzenden Kôno;

29.01.1994   Kompromisse werden in die vier Gesetzesentwürfe zu
politischen Reformen eingearbeitet, die dann vom Parlament verabschiedet werden.

04.03.1994   Verabschiedung der Reformgesetze; Inhalt u.a.: Verbot von Unternehmens- und Organisationsspenden an
Politiker nach fünf Jahren (ab 1999);

25.12.1994   Reform des Wahlgesetzes für öffentliche Ämter tritt in
Kraft.

01.01.1995   Reform des Gesetzes zur Regulierung politischer Gelder und das Gesetz zur staatlichen Parteienfinanzierung treten in Kraft.

Politische Aspekte Japans

Eine Schriftenreihe der
Forschungsstelle Modernes Japan und des
Japanologischen Seminars der
Rheinischen Friedrich-Wilhelms-Universität Bonn

Herausgegeben von Axel Klein

Informationen zu
Dieser Reihe
Finden Sie
Im Internet
Unter der Adresse

www.bonndai.de

Stefanie Neumann

Politische Partizipation in Japan
- Ein Beitrag zur politischen Kulturforschung -

Band 1 der Schriftenreihe „Politische Aspekte Japans"

Diese Studie eignet sich sowohl als Einführung zu den verschiedenen Strömungen der politischen Kulturforschung als auch als Übersicht über die Formen politischer Beteiligung in Japan, die sich, wie in anderen Demokratien auch, in einem ständigen Wandlungsprozess befinden. Mit der Verknüpfung des theoretischen Ansatzes der politischen Kultur und der konkreten und aktuellen Studie der Partizipationsformen sollen wichtige Einblicke in einen fest umrissenen Bereich des politischen Systems Japans gegeben und gleichzeitig die Ergebnisse komparativen Studien zur Verfügung gestellt werden.

bonndai.de
€ 9,80
Zu bestellen unter:
www.libri.de